1.
2.
3.

Roberta Bergmann

Kopf frei für den kreativen Flow

Haupt
GESTALTEN

Roberta Bergmann

Kopf frei für den kreativen Flow

Übungen, Impulse und Rezepte

Haupt Verlag

Gestaltung und Satz: **Roberta Bergmann**, www.robertabergmann.de, Braunschweig
Lektorat: **Claudia Huboi,** Berlin
Einband- und Vorsatzpapiergestaltung: **Roberta Bergmann,** Nachsatz-Arrangement von **Nina Sieverding**, kleines gezeichnetes Original auf dem Cover von **Meike Töpperwien**
Einbandrückseite mit Bildern von: **Nina Sieverding**, **Roberta Bergmann**, **Fabian Nilius** und **Ulrike Möltgen**
Autorenfoto Seite 5: **Timo Hoheisel,** © 2018, ProLitteris, Zurich

1. Auflage 2018
Bibliografische Informationen der Deutschen Nationalbibliothek: Die Deutsche Nationalbibliothek verzeichnet diese Publikation in der Deutschen Nationalbibliografie; detaillierte Daten sind im Internet über http://dnb.dnb.de abrufbar.
ISBN: 978-3-258-60176-2
Gedruckt in der Tschechischen Republik

Der Haupt Verlag wird vom Bundesamt für Kultur mit einem Strukturbeitrag für die Jahre 2016–2020 unterstützt.

Wünschst du regelmäßig Informationen über unsere neuen Titel zum Gestalten? Möchtest du uns zu einem Buch ein Feedback geben? Hast du Anregungen für unser Programm? Dann besuche uns im Internet auf www.haupt.ch.
Dort findest du aktuelle Informationen zu unseren Neuerscheinungen und kannst unseren Newsletter abonnieren.

Anmerkung der Autorin:
Zusammen mit dem Verlagslektorat habe ich mich entschieden, die Anreden und die geschlechtsspezifischen Umschreibungen zu vereinfachen. Des Weiteren meine ich, wenn ich von «Kreativen», «Teilnehmern» etc. schreibe, immer die Funktion und nicht das Geschlecht.

www.haupt.ch

FSC
www.fsc.org
MIX
Papier aus verantwortungsvollen Quellen
FSC® C014138

Roberta Bergmann ist Sach- und Bilderbuchautorin, außerdem doziert sie in den Bereichen Gestaltungsgrundlagen und DIY. Daneben arbeitet sie freiberuflich als Künstlerin, Illustratorin und Buchgestalterin.
Mit dem Thema ***Kreativität*** beschäftigt sich Roberta Bergmann, seit sie einen Stift halten kann. In mehr als 15 Jahren als Kreative wird sie fast tagtäglich mit dem Thema konfrontiert.
2016 erschien ihr Buch «Die Grundlagen des Gestaltens» im Haupt Verlag.
Mehr Infos unter: www.robertabergmann.de

Vorwort

Für wen ist dieses Buch?

Dieses Buch ist für alle Kreativschaffenden, die ihre Kreativität noch steigern möchten! Es ist ein Buch, um sich «inspirieren zu lassen». Es soll motivieren, aktivieren sowie zu neuen Ideen und Herangehensweisen in der Kreativarbeit anregen.

Also los: Nimm dir dieses Buch, setz dich entspannt hin und tauche ein in meine 40 Übungen und Methoden, die ich dir im ersten Teil des Buches vorstelle. Lass dich davon inspirieren, sei mutig und probiere die Aufgaben einfach einmal vorurteilsfrei aus! Du wirst einiges über dich und vor allem deine Arbeitsweise lernen und am Ende reicher an Erfahrung sein!

> «Kreativität erfordert so etwas wie Mut.»
>
> Henri Matisse, Maler

Dieses Buch ist außerdem für diejenigen gedacht, die ihre Kreativität fokussiert(er) einsetzen möchten und die vermuten: «Da geht noch mehr!» Ich möchte dir neuen Input geben, um aus deiner gewohnten Komfortzone rauszukommen! Wage dich mit Hilfe des Buches auf noch unbekanntes Terrain, denn dadurch werden innovativere und individuellere Ergebnisse entstehen als bisher!

Und solltest du mal ins Straucheln kommen, so habe ich im zweiten Teil des Buches 15 Erste-Hilfe-Tipps zusammengestellt, um die Kreativflaute, den Zweifel, die Killerphrasen und die Denkblockaden aus dem Weg zu räumen. Ich erkläre, wie du dich selbst aus solchen Sackgassen-Situationen wieder herausholst, den inneren Schweinehund überwindest und wie du es schaffst, effektiver zu werden, deine Prioriäten zu setzen, achtsamer im Schaffensprozess zu sein und damit auch mit dir selbst achtsamer umzugehen.

Doch um welche Art von Kreativität geht es in diesem Buch eigentlich? Für mich ist Kreativität jede Form von neuem schöpferischen Denken und Handeln in den klassischen kreativen Feldern, wie z. B. freie Kunst, Gestaltung (hierzu zähle ich auch Fotografie, Zeichnen, Illustrieren, Layouten, Entwerfen, kreativ-gestalterisches Denken/Design Thinking), kreatives Schreiben, Tanz und Schauspiel, Musizieren, Kochen und Backen, Handarbeiten, Goldschmieden, Schreinern und Kunsthandwerk.

> **Do it yourself.**
> (kurz «DIY» und engl. für: «Mach es selbst.»)
>
> *So werden Tätigkeiten bezeichnet, die von Amateuren ohne Profi-Hilfe ausgeführt werden, z. B. in Verbindung mit handwerklichem Selbermachen wie Reparieren, Verbessern, Re- oder Upcyceln oder das Erschaffen und Erfinden.*

Mit diesem Buch richte ich mich an die große «DIY-Gemeinde», d. h. an all diejenigen, die sich als Do-it-Yourselfer verstehen. Meine Übungen können dir z. B. dabei helfen, dir eine Geschäftsidee auszudenken, einen Blog zu schreiben, einen kleinen Film zu drehen, eine Fotoserie zu machen oder eine Geschichte zu zeichnen.

Es müssen aber nicht gleich solche komplexen Projekte sein! Du bist ebenso kreativ, wenn du dir ein Rezept für selbst gebackenen Kuchen ausdenkst, ganz ohne Rezept kochst, ein neues Kleidungsstück nähst, dir einen Überwurf mit ungewöhnlichen Mustern häkelst oder die eigene Wohnung neu gestaltest. Egal, was du Kreatives vorhast, dieses Buch kann dir helfen, Grenzen auszuloten, deine Kreativität zu pushen und durchzuhalten – eine wichtige Voraussetzung!

Dieses Buch gibt, genau wie schon meine vorherige Publikation («Die Grundlagen des Gestaltens», Haupt Verlag, Bern 2016), keine Ergebnisse vor, auf die du unter Zuhilfenahme einer Anleitung hinarbeitest. Vielmehr möchte ich dich (und alle anderen Leser) motivieren, aus dir selbst heraus zu schöpfen, dir selbst mehr Kreativität zuzutrauen, ohne nach links und rechts zu schauen, «wie es andere machen» oder «wie man es richtig macht». Die Übungen im Buch sind sehr weit gefasst umschrieben, um sie auf möglichst viele Themenfelder anwenden zu können und um dir viel Freiraum in der Umsetzung zu lassen.

> «Ideen sind wie Kaninchen. Man hat ein paar, lernt mit ihnen umzugehen, und ziemlich schnell hat man ein Dutzend.»
>
> John Steinbeck, Autor

Aufgrund der heutigen Unmittelbarkeit von Informationen wirst du, wenn du dich mit DIY und Kreativität beschäftigst, mit kreativen Ideen überschüttet. Das kann sehr einschüchternd sein und sich manchmal blockierend auf die eigene Ideenfindung auswirken.

Wichtig ist, dich von diesen ganzen (Vor-)Bildern zu lösen, um selbst wieder frei schöpferisch tätig sein zu können. Nur so wird es zukünftig möglich sein, tatsächlich innovative, neue Ideen zu generieren. Oft wird vermutet, dass alles schon einmal gedacht, geschrieben und erfunden wurde, dass es keine neuen Ideen mehr gibt, sondern nur noch Kombinationen aus Bestehendem. So ganz möchte ich das nicht glauben. Ich denke, es ist nur sehr viel schwieriger geworden, auf Neues zu kommen, *weil* schon so viel gedacht, geschrieben und erfunden wurde. Aber ausgeschlossen ist es meines Erachtens nicht.

Zum Schluss noch eine wichtige Anmerkung: Kreativsein ist Arbeit und keinesfalls immer leicht. Und es braucht Zeit. Denn Kreativität erfordert Übung. Daraus wächst die Erfahrung, mit dieser wird man schneller, besser und die Ideen potenzieren sich. Bald hast du mehr Ideen als Zeit, um diese umzusetzen – eine Erfahrung, die ich permanent mache. Bislang hatte ich nie Angst, dass mir nichts mehr einfallen könnte (was viele glauben). Eher bin ich traurig, dass ich nicht die Zeit habe, all meinen Ideen nachzugehen und jede einzelne umzusetzen!

In diesem Sinne wünsche ich dir während und nach dieser Lektüre so viele neue Ideen wie möglich, eine Potenzierung deiner Kreativität und vor allem Spaß – vielleicht die wichtigste Voraussetzung!

P. S.: Wenn du Lust hast, kannst du Fragen zum Thema in meiner Facebookgruppe «Kreativrezepte» stellen oder deine kreativen Ergebnisse mit Gleichgesinnten und der DIY-Community dort teilen unter: https://www.facebook.com/groups/kreativrezepte

Eine kleine Einführung

Was ist Kreativität?

Das Wort Kreativität *(lat. creare = neu erschaffen, etwas erfinden, erzeugen)* wurde in den letzten Jahren ziemlich überbeansprucht. Es fand Verwendung in einigen mehr oder weniger passenden Kontexten und es gibt diverse Definitionen. Auch existieren unzählige Publikationen über Kreativitätstechniken und das Thema «Ideenfindung».

> «Man kann nichts Interessantes produzieren, wenn man sich für nichts interessiert.»
>
> Will Gompertz, Autor

Im Allgemeinen wird das Wort gebraucht, wenn es um das Entstehen neuer Ideen im Sinne von Innovation und Neuschöpfung geht. Man kann es überall dort finden, wo der Mensch schöpferisch tätig ist. Dies kann in Alltagssituationen sein (z. B. Kindererziehung, Beruf, Interaktion mit anderen), in technologischen und wirtschaftlichen Kontexten (z. B. Investitionen, Unternehmertum, Erfindungen), in wissenschaftlichen Berufsfeldern (z. B. die Gesellschaft positiv oder negativ verändernde Entdeckungen wie ein Heilmittel gegen Krebs oder die Atombombe) oder in handwerklichen und künstlerischen Kontexten (z. B. Schreinern, Design, Kochen und Backen, kreatives Schreiben, Handarbeit, (Innen-)Architektur, Musik, darstellende und freie Künste).

Menschen werden als «kreativ» bezeichnet, wenn sie fähig sind, unkonventionell (= frei) zu denken, aus vorgegebenen und verfestigten Strukturen auszubrechen, neue und unbekannte Wege zu beschreiten, aus sich selbst heraus zu schöpfen, zu experimentieren, um damit auf neue Ideen, Verbindungen und Lösungen zu kommen. So ist es ihnen möglich, Bestehendes in Frage zu stellen und anschließend zu verändern, etwas im weitesten Sinne nach ihren Vorstellungen zu gestalten und damit ggf. ein Problem (z. B. für die Allgemeinheit) zu lösen. Dieses (kreative) Verhalten ist zumeist gekoppelt an eine natürliche und leidenschaftliche Neugier für ein Thema, an einen Forscherdrang, dem der Kreative nachgehen *muss*. Und das bedeutet, dass jeder Mensch, der kreativ sein möchte, es auch sein wird, weil er aus freien Stücken ernsthaft, leidenschaftlich und hartnäckig ein bestimmtes Ziel verfolgt. Das nennt man intrinsische Motivation. Und Menschen, die nicht(s) wollen, werden auch nicht (erfolgreich) kreativ sein.

So etwas wie angeborene Kreativität, ergo ein Geniegedanke, wurde in der Kreativitätsforschung z. B. durch ***Robert W. Weisberg*** stark in Frage gestellt. Seiner These zufolge gibt es, verkürzt gesagt, keine göttliche Eingebung, nichts Magisches oder eine vererbte Genialität, sondern er spricht vielmehr vom intelligenten Menschen, der seine Intelligenz dazu gebraucht, bekanntes Wissen im Kopf immer wieder hin und her zu wälzen, neu zu kombinieren, verschiedene Denkperspektiven einzunehmen, hartnäckiger am Problem/Thema zu bleiben als andere, um am Ende bewusst oder unterbewusst auf die kreative Idee bzw. die Problemlösung zu kommen. Der Denkvorgang, der dabei vollzogen wird, ist frei, assoziativ und logisch, hat also nichts «Außergewöhnliches» oder Magisches.

Angelehnt an die Forschungsergebnisse des Psychologieprofessors ***Michael A.***

Persönlichkeit:

- *schätzt kulturelle Werte*
- *besitzt Leistungswillen, Engagement, Authentizität*
- *verfügt über gewisses (Fach-) Wissen und breite Bildung*
- *ist nonkonformistisch*
- *ist offen, eigener Geist, spontan, flexibel, selbstbewusst, risikobereit, neugierig, widerstandsfähig, ehrgeizig und besitzt Ausdauer*

Kognitive Voraussetzungen:

- *komplizierte Sachverhalte verstehen*
- *nicht gleich urteilen*
- *gutes Gedächtnis*
- *aus Denkmustern ausbrechen können*
- *Gehirnareale richtig und umfassend nutzen können (linke sowie rechte Hemisphäre und verschiedene Gehirnregionen gleichzeitig)*

Arbeitsstil:

- *freundlich, ermunternd, herausragend, fördernd, motivierend, einfühlsam*
- *Freiräume und Zeit für Kreativität schaffend*
- *selbstständiges Handeln*
- *neue Ideen unterstützend*
- *aktives Zuhören*
- *sehr gute Kommunikation*
- *hohe Frustrationstoleranz*
- *sichere Urteilskraft*

West vereint ein Mensch, der zu kreativem und innovativem Verhalten fähig ist, mehr oder weniger die in diesem Kasten stehenden Merkmale in seiner Persönlichkeit, seinem Denken und seinem Arbeitsstil und hebt sich dadurch von anderen, nicht kreativen Menschen ab.

Ein Schlüsselbegriff der Kreativitätsforschung ist das laterale Denken *(lat. latus = Seite)*, begründet u. a. von dem Kognitionswissenschaftler ***Edward de Bono***. Umgangssprachlich auch «Querdenken» genannt, ist das laterale Denken eine kreative Problemlösungsmethode, welche die traditionelle, rationale Logik (*hier:* vertikales Denken) außer Acht lässt und Probleme aus einer unorthodoxen Richtung angeht. Hierbei werden so genannte kreative Denksprünge vollzogen, die die gewohnten Denkmuster verlassen und sich in neue (unlogische, leicht verrückte etc.) Richtungen ins Ungewisse verzweigen. Aus diesen neuen Perspektiven betrachtet, können scheinbar nicht zu handhabende Probleme oft gelöst werden. De Bono beschreibt das so: «Statt tiefer zu graben, wird ein neues Loch gegraben.» Diesem Prinzip liegen viele Kreativitätstechniken zugrunde.

Ein weiterer Schlüsselbegriff, der sich aber inhaltlich nur in Nuancen vom lateralen Denken unterscheidet, wurde von dem Psychologen ***Joy Paul Guilford*** geprägt: das divergente Denken *(lat. divergere = auseinander streben)*. Es steht für offenes, unsystematisches und spielerisches Herangehen an Probleme und Projekte. Diese konventionelle Art des Denkens nannte J. P. Guilford «konvergent» *(lat. convergere = zueinander neigen)*.

Erstaunlich ist, dass kreative Menschen nicht von Natur aus omnikreativ sind, sondern vielmehr sehr selten oder nie auf mehr als einem Gebiet gleichzeitig schöpferisch sein können. Der Psychologe ***Howard Gardner*** bezeichnet das als «kreativ in X» sein, also *nicht* «kreativ im Allgemeinen» sein. Sicherlich liegt das zum einen an der eigenen Vorbzw. Ausbildung, zum anderen an der persönlichen Interessenslage. Prioritäten zu setzen, kann außerdem unterstützend wirken, um auf einem Gebiet richtig gut zu sein.

Kreativität ist nicht messbar, eben weil sie so vielschichtig ausgeprägt ist und unterschiedlich definiert werden kann. Jeder Mensch ist individuell (kreativ). Die Kreativität einer Person lässt sich einzig und allein anhand ihrer kreativen Ideen und Ergebnisse messen. Die Kreativität ist dabei nicht planbar und läuft sehr selten bewusst ab. Ich setze mich nicht an den Schreibtisch und sage zu mir: «So, und jetzt bin ich mal kreativ!». Dennoch kann man den kreativen Prozess (wenn auch selbst meist nur im Nachhinein) immer in die gleichen fünf Phasen einteilen. Diese Einteilung definierte der Psychologe und Glücksforscher ***Mihály Csíkszentmihályi***, welcher den Begriff «Flow» prägte, in etwa so: Anfangs befindet man sich in der Vorbereitungsphase. In dieser nähert man sich dem Problem, der Aufgabenstellung, dem Projekt. Man nimmt aktiv eine eigene Haltung dazu ein, definiert (sich) die Situation und hat eine ungefähre Idee, was man machen möchte bzw. was das individuelle Ziel (= Optimum) sein soll. Sobald man die Vorbereitung abgeschlossen hat, folgt Phase 2, die Inkubation: Die Aufgabe kann im Hinterkopf und damit eher passiv, d. h. im eigenen Unterbewusstsein arbeiten und «verdaut» werden. Im Volksmund spricht man von «eine Nacht drüber schlafen», bevor man zu einer wichtigen Lösung / Entscheidung kommt. Die Inkubationsphase wird durch die Phase der Erkenntnis abgelöst. Denn hat das Unterbewusstsein genug gearbeitet, überraschen wir uns zumeist selbst in entspannten Situationen zwischen Unterbewusstsein und Bewusstsein mit einem scheinbar aus dem Nichts kommenden «Aha-Moment». Sei es beim Duschen oder Zähneputzen, kurz vor dem Einschlafen oder kurz nach dem Aufwachen, beim Tagträumen in einer Pause, plötzlich ist ein Lösungsansatz, ein neuer Weg, eine Erkenntnis da. In Phase 4, der Bewertung, kann man nun seine Eingebung auf die Realisierbarkeit hin überprüfen. Achtung: Hier muss die Denkrichtung geändert werden! Eine Bewertung ist keine schöpferisch-kreative, sondern eine rein kritisch-rationale Handlung und konvergenter Verstand ist gefragt. Hält man den gefundenen Lösungsansatz für umsetzbar, greift die letzte Phase 5: die Ausarbeitung. Aus der ursprünglich fixen Idee und dem folgenden Realitätscheck entwickelt man eine handfeste, allen Zweifeln standhaltende Lösung und versucht,

> «Alle wirklich guten Ideen, die ich gehabt habe, sind mir beim Melken eingefallen.»
>
> Grant Wood, Maler

Flow:
(engl. = fließen, strömen), *beschreibt einen mentalen Zustand völliger Vertiefung und Konzentration, der bisweilen sogar als hypnotisch und tranceartig beschrieben wird. Man geht komplett in einer Tätigkeit auf, die wie von selbst von der Hand geht, was einem als sehr beglückend erscheint, unabhängig davon, welche Handlung ausgeübt und welches Berufsfeld betrachtet wird.*

Der kreative Prozess: 1. Vorbereitung → 2. Inkubation →

zu einem Optimum zu gelangen. Das Ergebnis gilt es zu verteidigen, denn neue Ideen und Innovationen haben es anfangs oft schwer. Sie müssen sich erst noch durchsetzen und bewähren.

«Ich fange mit einer bestimmten Absicht an, und dann wird etwas ganz anderes daraus.»

Pablo Picasso, Künstler

Manchmal nimmt der Kreativitätsprozess seinen ganz eigenen Verlauf. In diesen Momenten entstehen Ergebnisse, mit denen man so nicht gerechnet hat. Viele freie Künstler geben offen zu, am Anfang ihres Schaffensprozesses noch nicht zu wissen, wo die Reise hingeht, und dass sie noch kein konkretes Werk / Ziel im Sinn haben. Oder es wird experimentiert und das Ergebnis ist ein absoluter Fehlschlag. Doch auch Fehler können nützlich sein *(siehe Seite 122f.)*: Entweder führen sie zu neuen Erkenntnissen («Das war nicht der richtige Weg. Ich versuche einen anderen.») oder zu komplett neuen Zielen («An dieses Ergebnis hatte ich gar nicht gedacht! Aber interessant: Ich konzentriere mich jetzt auf diesen neuen Aspekt und vergesse meinen ersten Ansatz komplett! Das hier ist viel spannender.»).

Kreativität ist an kein Alter gebunden. Man kann in jeder Lebensphase aktiv kreativ werden/sein. Mich hat z. B. die deutsche Schriftstellerin ***Ingrid Noll*** fasziniert, die mit 56 Jahren ihren ersten Roman veröffentlichte («Der Hahn ist tot», Diogenes, 1991). Für sie hatte zu der Zeit eine neue Lebensphase begonnen: Die Kinder waren aus dem Haus und sie fand endlich ausreichend Zeit zum Schreiben.

Kann jeder Mensch seine eigene Kreativität entdecken, diese immer weiter trainieren und somit verbessern? Ich behaupte: Ja, das kann jeder. Voraussetzung sind zum einen der eigene Wille und Fleiß, zum anderen eine Offenheit, sich auf unbekannte Wege zu begeben und Neues auszuprobieren. Kreativitätstechniken können an dieser Stelle helfen. Zahlreiche wurden in den letzten Jahrzehnten entwickelt und einige davon auch mächtig gehypt. Viele kreative Menschen sagen von sich, sie brauchen keine Technik, sie schöpfen aus sich selbst heraus und sind immer bereit. Auch ich würde das in den meisten Fällen von mir behaupten! Jedoch gibt es Situationen, in denen man entweder aufgrund einer Blockade feststeckt oder nur konventionelle, sich ähnelnde Lösungen und Ergebnisse produziert, aber nicht wirklich innovativ arbeitet. Hier können einige Kreativitätstechniken sehr wohl wirkungsvoll eingreifen, der eigenen Kreativität auf die Spünge helfen und eine qualitative Steigerung der Fähigkeiten bringen. Die Basis muss man jedoch selbst mitbringen, nur mit einer Technik und ohne intrinsische Motivation wird man zwar Ergebnisse, aber keine kreativen, innovativen Ideen erzeugen.

Auf den folgenden Seiten werde ich 40 Rezepte beschreiben, die an bekannte Kreativitätstechniken angelehnt sind oder die ich mir nach bestem Wissen und Gewissen aus der eigenen Arbeitspraxis herausgepickt habe, weil sie sich bei mir als nützlich und hilfreich erwiesen haben.

→ 3. Erkenntnis → 4. Bewertung → 5. Ausarbeitung

Fragebogen

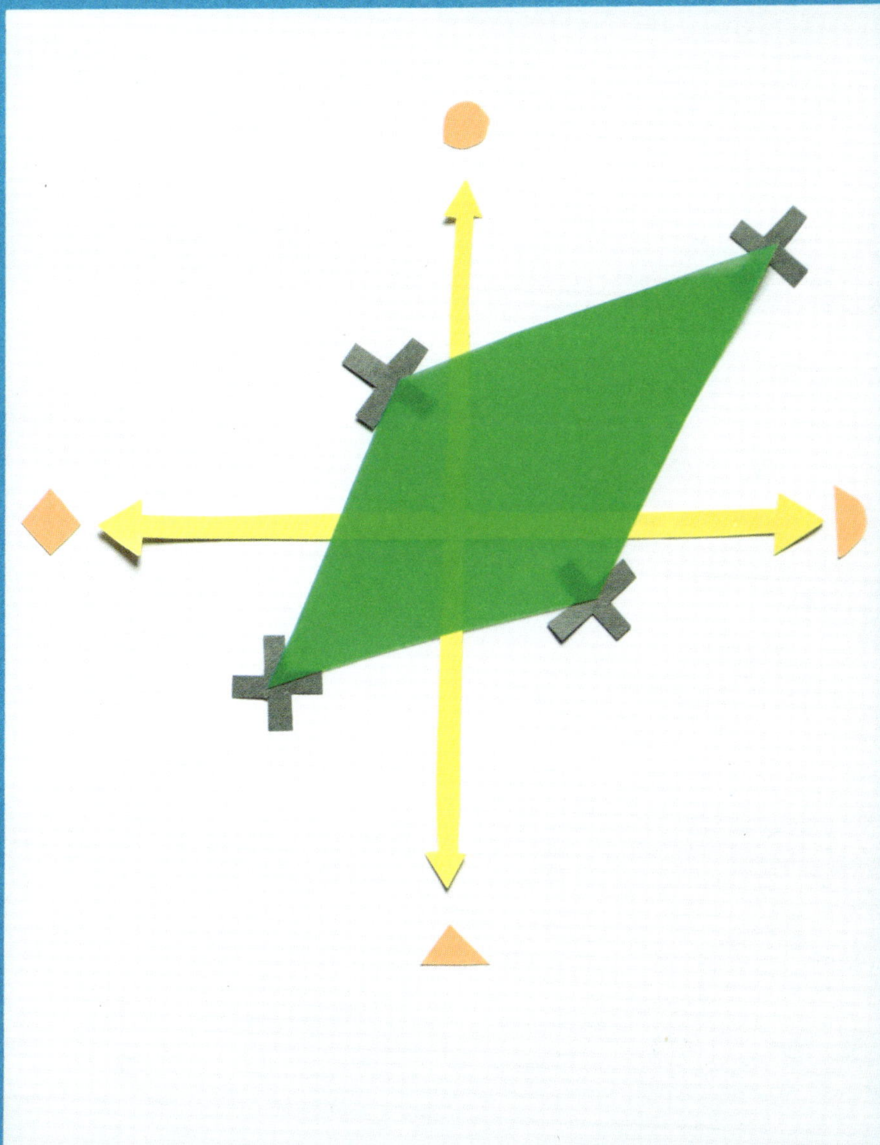

Kreativtypen

WELCHER KREATIV- UND ARBEITSTYP BIST DU?

Durch den folgenden Test kannst du herausfinden, wer du bist, wenn du kreativ arbeitest.

Lies dir dazu die folgenden zehn Aussagen und die dazugehörigen vier Antwortmöglichkeiten durch. Bewerte die Antworten anschließend mit 0 bis maximal 4 Punkten (0 = trifft überhaupt nicht zu, 4 = trifft total zu). Dabei ist egal, ob du allen Antworten die gleiche Punktzahl gibst, ob du ein Ranking machst (1 bis 4 Punkte) oder ob du es wild mischst (z. B. einmal 2 Punkte, zweimal 4 Punkte und einmal 0 Punkte).

Wichtig: Antworte spontan und denk nicht zu lange über die Antworten nach.

TEST

Statements und deren Antwortmöglichkeiten	0–4 P.	Sym.
1. Wenn ich ein neues Projekt angehe, dann ...		
... denke ich gründlich und lange nach, dann entscheide ich mich aus dem Bauch heraus für eine Thematik.		Δ
... überlege ich vorab Kosten & Nutzen, welches Ziel es verfolgt und ob es Aussicht auf Erfolg hat. Außerdem googel ich, ob es das schon gibt.		∫
... fallen mir 1000 Sachen ein, sodass ich sofort loslege.		¤
... mache ich ein schriftliches Konzept inklusive einer Projektbeschreibung, einem Zeitplan und einer Materialaufstellung. Ich frage mich außerdem, ob ich das allein schaffe oder ob ich mir qualifizierte Hilfe suche.		●
2. Wenn ich kreativ arbeite/bin, würde ich mich wie folgt beschreiben:		
kontrolliert, systematisch, voll dabei, zwischendurch selbstzweifelnd		●
selbstvergessen, eifrig bei der Sache, frei, impulsiv, chaotisch, glücklich		¤
sehr begeistert und überzeugt, unstrukturiert, sprunghaft, aufgeregt		Δ
nachdenklich, etwas zweifelnd, abwägend, sachorientiert, zielführend		∫
3. Wenn ich durch Kreativität etwas Neues (er)schaffe, dann ...		
... gehe ich nur von mir aus. Es muss in erster Linie mir gefallen!		¤
... möchte ich dafür Wertschätzung erhalten. Das erreiche ich, indem ich mein Bestes gebe, auf Qualität achte und es selbst wertschätze.		●
... weiß ich, dass es dafür einen Markt gibt und ich habe eine Strategie, wie ich es bekannt mache.		∫
... glaube ich fest daran, dass es etwas verändern wird, und ich habe auch schon viele Ideen, wie ich es der Welt vorstellen werde.		Δ

4. Wenn mich jemand fragt, ob wir zusammen etwas Kreatives auf die Beine stellen wollen, dann …		
… überlege ich, ob derjenige mich mit seinen Fähigkeiten weiterbringt und ergänzt. Ich achte darauf, dass er meinem Anspruch gerecht wird.		●
… freue ich mich darüber, dass ich Gesellschaft habe und wir gemeinsam kreativ arbeiten! Es wird in jedem Fall besser als allein!		Δ
… denke ich, dass ich es trotzdem lieber allein machen möchte.		¤
… mache ich das, wenn es der Sache dienlich ist.		∫

5. Wenn etwas Unerwartetes (z. B. Störung, Änderung, Überraschung, Korrektur der Aufgabe/des Briefings) im Kreativprozess passiert, dann …		
… irritiert mich das nicht, sondern ich nutze es und spiele damit.		¤
… bin ich total aus dem Konzept gebracht und frage ich mich, was ich falsch gemacht habe. Nach dem ersten Schock positioniere und fokussiere ich mich neu und versuche weiterzumachen.		●
… bin ich verwundert, weil ich damit nicht gerechnet habe. Ich fahre ohne mich weiter irritieren zu lassen fort.		∫
… denke ich darüber nach, dem neuen Impuls nachzugehen, und verfolge schließlich mehrere Wege. Das kann ja nicht schaden.		Δ

6. Wenn ich unter Zeitdruck gerate, dann …		
… überlege ich, wie ich Zeit sparen kann, um rechtzeitig fertig zu werden.		∫
… mache ich einfach weiter. Es gibt Wichtigeres als Abgabetermine!		¤
… spreche ich mir Mut zu und versichere mir, dass ich es dennoch schaffe.		Δ
… werde ich leicht panisch. Ich kann mit Zeitdruck nicht gut umgehen.		●

7. Wenn ich eine Blockade habe und nicht kreativ sein kann, dann …		
… mache ich trotzdem weiter, dann wird es eben nur mittelmäßig oder im schlimmsten Fall kommt dabei nichts heraus. Ich lasse mich davon jedenfalls nicht abhalten weiterzumachen.		¤
… analysiere ich, woran es liegen könnte, und arbeite mich daran ab.		●
… denke ich darüber nach, komplett damit aufzuhören.		Δ
… weiß ich, dass das nicht ewig dauert. Ich nutze die Zeit bis dahin für andere Dinge.		∫

8. Welches Wort beschreibt dich als Kreativschaffender spontan am besten?		
begeisterungsfähig		Δ
ausdauernd		●
schöpferisch		¤
konzeptionell		∫

9. Mit Misserfolgen gehe ich wie folgt um:		
Ich gehe hart mit mir ins Gericht und überlege, an welcher Stelle ich mich hätte anders verhalten müssen, damit es ein Erfolg geworden wäre. Ggf. beim nächsten Mal mache ich es besser und lerne aus den Fehlern.		●
Ich hatte es schon geahnt, dass das passieren könnte. Ich nehme es gefasst zur Kenntnis und lasse mich davon nicht weiter beirren. Es motiviert mich sogar für das nächste Mal!		∫
Ich bin schon ziemlich geknickt und brauche eine ganze Weile, bis ich wieder aktiv werden kann.		¤
Ich bin am Boden zerstört und habe das nicht kommen sehen. Ich überlege, ob ich weitermachen soll … Vielleicht sollte ich lieber aufhören.		Δ

10. Auf Projekt- bzw. Jobanfragen reagiere ich wie folgt:		
Ich lasse mir die Anfrage ggf. noch schriftlich geben und stelle Nachfragen, um sicherzugehen, alles richtig verstanden zu haben. Ich versuche, mich in mein Gegenüber hineinzuversetzen.		●
Wenn ich die Anfrage gut finde, analysiere ich sie genau und versuche daraus gleich noch eine professionelle Geschäftsidee zu entwickeln. Wenn ich mich damit nicht identifizieren kann, sage ich schnell ab.		∫
Ich gebe mein Bestes und wünsche mir, dass der Interessierte meine Kreativität zu schätzen weiß. Ich richte mich nach seinen Wünschen.		Δ
Anfragen interessieren mich nicht. Ich arbeite in erster Linie für mich. Wenn sich am Ende ein Käufer findet, okay, aber ich bin nicht darauf angewiesen.		¤

Bitte zähle deine Punkte jetzt, sortiert nach den Symbolen, zusammen und trage diese in die Auswertungsbox ein.

Der Kreativtyp, bei dem du die meisten Punkte hast, trifft am ehesten auf dich zu (u. a. Verhaltensweisen, Werte und Prinzipien, Kompetenzen und Grenzen). In dem Kreativtypen-Koordinatensystem *(siehe Seite 21)* kannst du dich dann visuell zwischen den verschiedenen Charakter-Positionen verorten: Anhand der flächigen Darstellung, die sich ergibt, wenn du alle vier Punkte-Ergebnisse mit einer Linie zu einem Viereck verbindest, siehst du, wo sich am ehesten Schnittmengen zwischen den Kreativtypen ergeben und an welcher Stelle es möglicherweise einen Schwerpunkt gibt.

AUSWERTUNG

¤ = TYP 1	• = TYP 2	Δ = TYP 3	∫ = TYP 4
.... Punkte	.... Punkte	.... Punkte	.... Punkte

DIE KREATIVTYPEN

¤ -TYP 1: KÜNSTLERISCH & REBELLISCH

Du lebst deine Kreativität schöpferisch aus und bleibst bei der Umsetzung lieber allein. Du möchtest dich, mit dem, was du tust, persönlich ausdrücken.

Deine Eigenschaften sind: eher extrovertiert, selbstbewusst, aufgeschlossen, spontan, impulsiv, autonom/unabhängig, unangepasst, freiheitsliebend, leidenschaftlich, chaotisch, intuitiv, selbstzweifelnd, vor Ideen sprühend, oft autodidaktisch arbeitend, risikobereit, experimentell

So wirkst du möglicherweise nach außen (positiv +, neutral ∘, negativ –):

+ kreativ, verrückt und individuell (nicht der Norm entsprechend), entschieden, den Diskurs suchend
∘ provokant, radikal, improvisierend
– verschlossen, egoistisch, egozentrisch, einzelgängerisch, kontaktscheu, unnahbar

• -TYP 2: VIRTUOS & PERFEKTIONISTISCH

Du baust deine Kreativität leidenschaftlich auf selbst angeeignetem Wissen und deiner Erfahrung auf. Du möchtest der Beste sein, in dem, was du tust.

Deine Eigenschaften sind: sachorientiert, eher introvertiert, zuverlässig, treu, pünktlich, zielstrebig, hinterfragend, passioniert, regelfolgsam, verantwortungsbewusst, gesetzestreu, sicherheitsliebend, planend, nachdenklich, teamfähig (aber setzt hohe Ansprüche an das Team), diszipliniert

So wirkst du möglicherweise nach außen (positiv +, neutral ∘, negativ –):

+ belastbar, ordentlich, selbstsicher, überblickend, respektvoll, leitend, organisierend
∘ rational, systematisch, kontrollierend
– pedantisch, dogmatisch, unflexibel, belehrend

∆-TYP 3: ENTHUSIASTISCH & TRÄUMERISCH

In deinem kreativen Schaffen lässt du dich von deinen Herzenswünschen und deinen Gefühlen leiten. Mit dem, was du tust, möchtest du ein Stück weit die Welt verändern.

Deine Eigenschaften sind: menschenorientiert, empfindsam, eher introvertiert, mitfühlend, utopisch denkend, spontan, verrückt, offen und teamfähig, flexibel, rücksichtsvoll, harmoniebedürftig, konfliktscheu, optimistisch, gesellig, zärtlich, hohe Geberqualität, gefühlsbetont, gerecht, kompromissbereit, mitreißend, unrealistisch, chaotisch

So wirkst du möglicherweise nach außen (positiv +, neutral ∘, negativ –):

+ lebendig, begeisterungsfähig, leidenschaftlich, kontaktfreudig, warmherzig
∘ schnell zu begeistern, emotional
– verträumt, irrational, unstrukturiert, naiv, nicht zielführend handelnd, ausschweifend, leichtgläubig

∫-TYP 4: PRAGMATISCH & RATIONAL

Deine Kreativität basiert auf sachlichen Überlegungen und Entscheidungen. Nach dem Motto: Was ist sinnvoll und was braucht die Welt? Du gehst es an!

Deine Eigenschaften sind: sachorientiert, planend, bodenständig, sicherheitsliebend, nachdenklich, hinterfragend, interpretierend, rational-entscheidend, unterordnend, entscheidungsfreudig, kritikfähig, reflektierend, urteilsfähig, verstandesmäßig, minimalistisch, umweltbewusst, teamfähig, ordentlich

So wirkst du möglicherweise nach außen (positiv +, neutral ∘, negativ –):

+ gebildet und bewandert, diszipliniert, rational, vernünftig, sachlich, informiert und vorbereitet
∘ wissend, kontrolliert, nüchtern, realistisch
– weniger kompromissbereit, skeptisch, kurz angebunden, pessimistisch, strikt

Hinweis: Dein Kreativtyp-Ergebnis ist natürlich eher ein Idealbild. Es zeigt sich typologisch zugespitzt und ist keine Blaupause von dir. Wahrscheinlicher ist, dass du eine gute Mischung verschiedener Kreativtypen bist.

Der Test soll in erster Linie deinen Blick auf dich selbst schärfen, dich über die Aussagen zum Nachdenken anregen, dich motivieren und dich sensiblisieren. Die Sensibilisierung bezieht sich zum einen auf dich selbst und dein Handeln, zum anderen auf dein Verhalten anderen gegenüber. Dieser Test weckt vielleicht Verständnis für andere Persönlichkeitstypen um dich herum und er bietet dir ggf. eine Erklärung, warum sich deine Mitmenschen «anders» verhalten und arbeiten als du.

Beispiel:

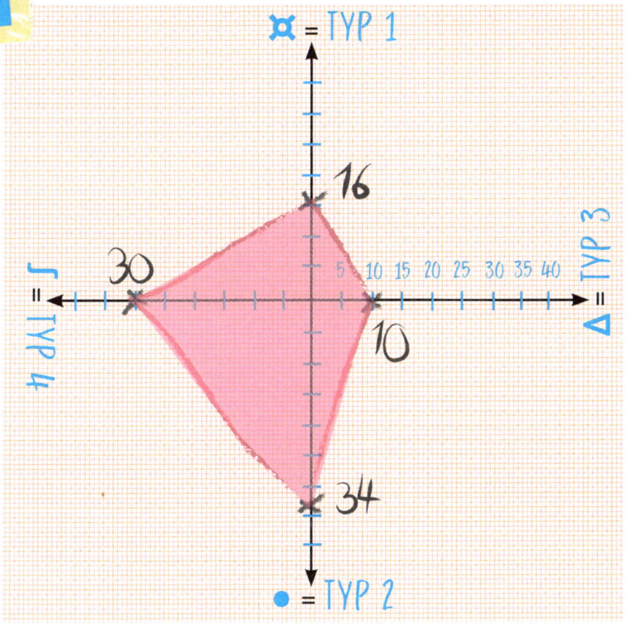

Dein Ergebnis:

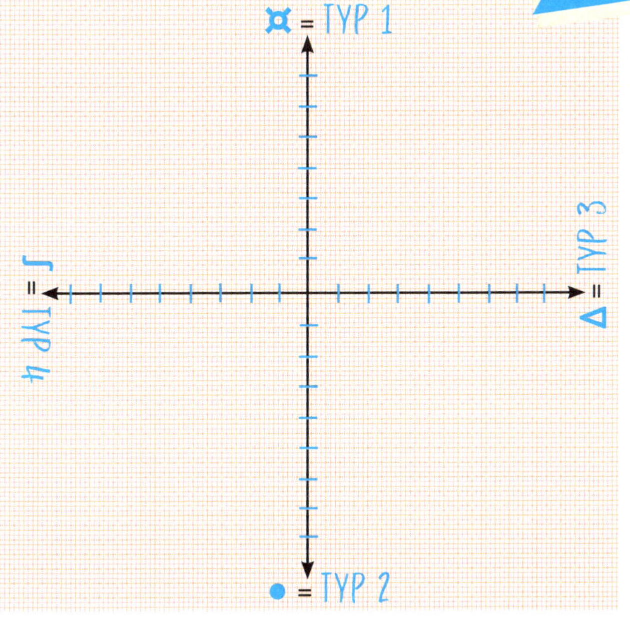

How to start

1.
2.
3.

HOW TO START

Damit du deine Kreativität voll entfalten kannst, musst du für dich erkennen, welche individuellen Bedürfnisse du hast und was du brauchst, um optimal kreativ sein zu können! Auf Basis der Auswertung des Fragebogens weißt du jetzt, welcher Kreativtyp du bist. Das wird dir im nächsten Schritt helfen zu verstehen, warum bestimmte individuelle Voraussetzungen für dich erfüllt sein müssen, um in einen Kreativ-Flow zu gelangen.

Doch bevor du bereit bist, alles um dich herum zu vergessen und loszulegen, hier ein paar Punkte, auf die du achten und für dich definieren solltest, um eine optimale und effektive Ausgangssituation für deine Kreativität zu schaffen.

1. STATUS QUO

Mach dir als Erstes bewusst, in welcher Ausgangssituation du dich gerade befindest. Das ist dein Status quo! Was möchtest du Kreatives angehen und was brauchst du, um damit erfolgreich zu sein?

1) Formuliere ein Ziel! *Eine klare (schriftliche) Formulierung hilft dir zu visualisieren, was du wirklich willst.*

2) Beschreibe deine zukünftige, ideale Arbeits- bzw. Projektsituation zur Ziel-Erreichung *– z. B. wie viel Zeit du brauchst; ob es beteiligte Personen gibt; ob es einen bestimmten Ort dafür braucht; was du für ein Budget hast; welche Materialien du benötigst …*

Tipp: Wenn du keinen Text schreiben magst, zeichne die Antworten als ***Mindmap*** oder baue dir eine ***Visionen-Pinnwand*** *(siehe Seite 32f.)*!

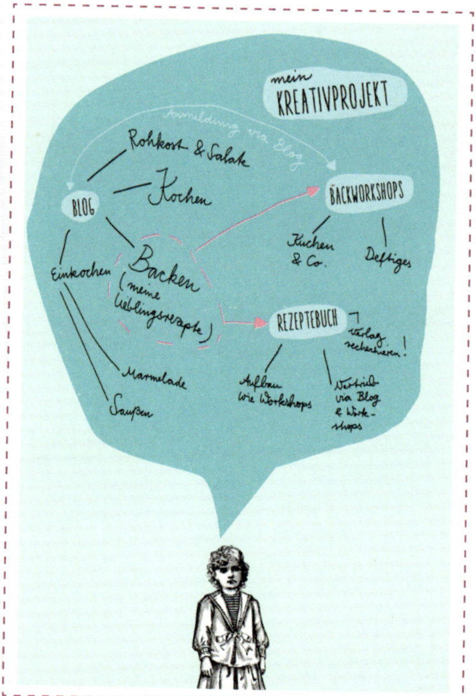

2. DER ORT

Der Ort, an dem du kreativ bist, nimmt auf dich und dein Handeln einen großen Einfluss. Du solltest dich deswegen bewusst für einen Ort entscheiden. Es sollte ein Platz sein, an dem du optimal und ohne Ablenkungen kreativ sein kannst.
Folgende Möglichkeiten gibt es, je nach Tätigkeit und Platzbedarf: ***Büro, Atelier, Werkstatt, öffentlicher Raum (z. B. Bibliothek, Café), Co-Working-Space, Arbeitszimmer, Wohnung, Bahn & Bus (z. B. für Pendler), Proberaum, Probebühne, Studio, im Freien*** etc.
Auch entscheidend bei der Ortswahl ist die Frage, ob du gern allein oder lieber im Team bzw. mit anderen Menschen arbeitest.
Die Akustik des Ortes spielt ebenso eine Rolle: Bist du geräuschempfindlich, wirst du in einem Großraumbüro nicht kreativ sein können! In einem kleinen Gemeinschaftsbüro kann es dich evtl. stören, wenn andere telefonieren oder Musik hören (oder es ist störend für andere, wenn du telefonierst oder Musik hörst). Wie gehst du mit Lärm von außen um (z. B. Baustellen, Grundgeräusche wie surrende Geräte, Klimaanlagen etc.)? Das Visuelle spielt ebenso eine wichtige Rolle bei der Ortswahl: Brauchst du für deine Tätigkeit viel Licht? Wenn ja, ist künstliches Licht für dich in Ordnung oder muss es Tageslicht sein? Lenken dich zu viele Fenster ab, weil du oft rausschaust und dich damit ablenkst? Oder brauchst du diesen «Weitblick»? Welche Einrichtung benötigst du? Arbeitest du lieber an klaren, aufgeräumten und spartanisch eingerichteten Orten oder magst du es chaotisch-kreativ mit viel Arbeitsmaterial, Regalen und Gerätschaften rund um deinen Arbeitsplatz? Bei welcher Umgebungstemperatur fühlst du dich wohl? Ist dir schnell zu kalt oder zu heiß? Und eine allerletzte, nicht unerhebliche Frage: Bist du bereit, für einen Arbeitsort etwas zu bezahlen und wenn ja, welches Budget steht dir zur Verfügung?

3. ARBEITSPLATZ

Wenn du einen Ort gefunden hast, an dem du gut kreativ arbeiten kannst, richte dir im nächsten Schritt einen, für dich und dein Projekt, optimalen Arbeitsplatz ein. Überlege dir und entscheide dich:

1) Wie möchtest du arbeiten? *z. B. stehend, sitzend, frei beweglich (z. B. am Schreibtisch, auf dem Drehstuhl, auf dem Sitzball, an der Werkbank, am Stehpult, auf dem Sofa)*

2) Was brauchst du um dich herum bzw. was stört und unterbricht deinen kreativen Prozess und wird verbannt? *z. B. Materialsammlung (Fundus), Bücher, Bücherregale, Werkzeuge (z. B. Pinsel, Zange, Kochlöffel, Säge, Kleber), Geräte (z. B. Drucker, Scanner, Akkuschrauber, Ofen), Radio/Musik, Tee/Kaffee, Telefon, Computer, Internet, weitere Möbel*

Tipp: Bedenke, wenn du bestimmte Materialien verwenden willst, dass du von allem genügend am Arbeitsplatz hast. Nichts ist ärgerlicher, als wenn man gerade mitten im Arbeitsprozess ist und es fehlen plötzlich Dinge, die man fürs Weitermachen braucht. Das Gleiche gilt für die Wartung deiner Geräte: Halte immer Ersatzteile und Nachfüllmaterial (z. B. Batterien, Tintenpatronen) in Reserve.

4. SCHLACHTPLAN

Dein Arbeitsplatz ist eingerichtet, es fehlt an nichts mehr. Es kann losgehen! Um nicht kopflos zu starten, kannst du folgende Methoden nutzen. Vielleicht hilft dir das, strukturierter und damit effizienter im kreativen Prozess zu sein:

Schreibe dir eine To-do-Liste für den heutigen Tag! *Sei realistisch und überlege, was du heute als Ziel(e) erreichen möchtest. Plane dabei ruhig alle Sachen ein, auch die nicht kreativen Aufgaben, die eine hohe Priorität haben. Vergiss darüber aber nicht deine kreativen Ziele und plane genug Zeit ein!*

Trage alle Tätigkeiten in eine Zeittabelle für diesen Tag ein! *Das hilft dir, die vorgenommenen Dinge zu erledigen, weil sie so eine Verbindlichkeit bekommen. Es muss nicht detailliert sein, Zeitspannen von mehreren Stunden oder die Aufteilung in vor- und nachmittags sind ggf. ausreichend* (siehe dazu das Thema «Zeitplanung», Seite 120f.).

5. ABLENKUNG

Du bist mitten im Prozess und es läuft richtig gut, du hast einen Flow! Leider wirst du schon zum dritten Mal in einer Stunde gestört und jedes Mal reißt es dich komplett gedanklich raus. Achte daher auf Störquellen und Ablenkungsfallen und schalte sie ggf. konsequent aus.

Störquellen sind z. B. Telefonanrufe, eingehende Nachrichten und deren Geräusche (Computer, Telefon, Tablet), Kollegen/Mitarbeiter (bitte sie um Rücksicht), Klingeln an der Tür (Postdienste, Kuriere)

Ablenkungsfallen sind z. B. Mails, soziale Netzwerke, weniger wichtige Aufgaben (weder dringend, noch wichtig – Prioritäten prüfen), Gespräche (die nicht Teil des Prozesses sind), Übersprungshandlungen (z. B. Aufräumen, Sachen sortieren)

Bestimmte Ablenkungen sind aber okay, wie z. B. ein Blick aus dem Fenster, Dehnübungen (bei sitzenden Tätigkeiten zwischendurch sogar wichtig!), Essens-, Trink- und Toilettenpausen (das vergessen viele, wenn sie im Flow sind oder unter Stress stehen).

6. LOSLEGEN

Grübeln über das «How to start» ist ja schön und gut (und wichtig). Dennoch solltest du darüber nicht vergessen anzufangen! Ansonsten besteht die Gefahr, dass die ganze Vorbereitung in reine Ablenkung ausartet.
Also leg erst einmal los *(siehe Rezept №1 auf Seite 30f.)*.

40 Rezepte

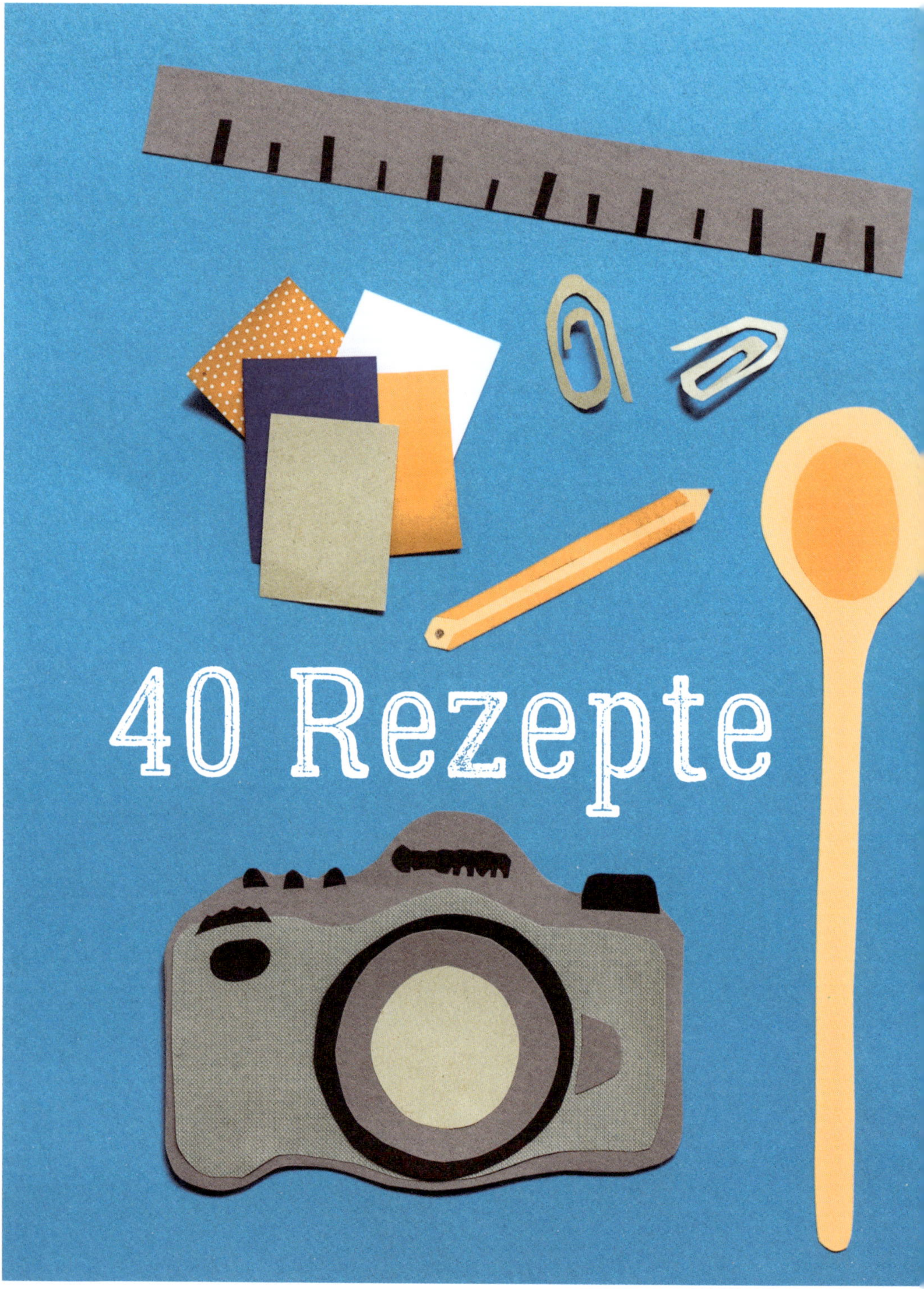

REZEPT №1

FANG EINFACH AN

Wie schon im Kapitel «How to start» angekündigt, ist eine Möglichkeit, ein kreatives Projekt zu starten, einfach anzufangen, ohne vorher groß darüber nachzudenken. Es gibt den Spruch: «Der beste Weg, um etwas fertig zu bekommen, ist es anzufangen». Manchmal kann dieser Anfang aber schwer sein, z. B. sowohl für die rationalen als auch für die perfektionistischen Kreativtypen. Denn sie haben Angst, gleich mit dem ersten Schritt etwas falsch zu machen. Zur Beruhigung und Entkräftung dieser Annahme, die aus zu hoher Erwartung an sich selbst entsteht: Wer ist schon so genial, mit dem ersten Strich, den ersten Gedanken «druckreife» Ideen zu produzieren? Fast niemand!

Ein anderes, englisches Sprichwort besagt: «Wie isst man einen Elefanten? Bissen für Bissen …». Das bedeutet nichts weiter als: «Hab keine Angst vor einer überdimensional wirkenden Aufgabe! Versuche, sie Schritt für Schritt zu lösen. Beginne mit Schritt 1, dann Schritt 2 etc.»

Wie kann das Anfangen konkret aussehen? Das kommt ganz auf dein kreatives Projekt an! Du kannst mit einem Brainwriting anfangen, dir eine Liste schreiben, du kannst deine Ideen aufzeichnen oder ohne Skizze vorab direkt mit der Aufgabe starten und dich an ihre Umsetzung machen. So entsteht ein erster Entwurf, den du analysieren und anschließend verbessern kannst. Noch ein kleiner Tipp: Lass das Gemachte ruhig erst einmal ein paar Stunden oder einen Tag liegen, bevor du mit etwas zeitlichem Abstand noch einmal daraufschaust.

#Brainwriting
#ToDoListe
#Ideenskizze
#JustStart
#EatAnElephant
#NoFear
#Collage
#Spontan
#TryAndError
#MichelGondry
#CentrePompidou
#UsineDeFilmsAmateurs

Foto von einem Collage-Workshop, bei dem die Teilnehmer die Aufgabe bekamen, spontan neue Bilder aus alten Zeitschriften zu kleben.

LE PLAN DE L'USINE DE FILMS AMATEURS

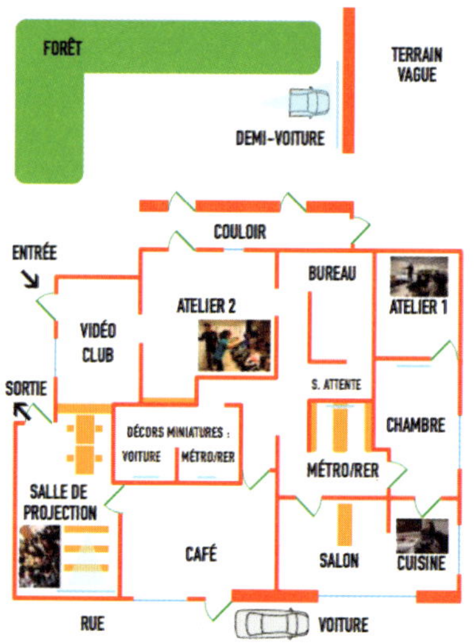

Der Filmemacher ***Michel Gondry*** ermöglicht es jedem Museumsbesucher, z. B. im Pariser ***Centre Pompidou***, ohne Vorkenntnisse in drei Stunden einen eigenen Kurzfilm zu drehen. In seiner Ausstellung / Rauminstallation «Die Filmfabrik (= L'Usine de films amateurs)» finden sich 8–20 Besucher als Filmgruppe zusammen, die durch ein von Gondry vorgegebenes Regelwerk binnen drei Stunden einen Kurzfilm drehen werden. Vor Ort sind dafür zehn Filmsets und allerlei Film-Equipment aufgebaut. Am Ende wird der Film in der Ausstellung gezeigt und jeder Teilnehmer erhält eine persönliche Kopie zum Mitnehmen.

ÜBUNG: *Fang einfach an mit:*

« »

(hier deinen Projekttitel eintragen)

Der Titel eines kreativen Projektes kann dir als Überschrift für deine zukünftige Arbeit schon eine Menge Inhalt vorgeben. Er kann dich inspirieren, dir ein Gefühl für die Sache vermitteln, deine Kreativität anregen. Und durch die Verschriftlichung und das Aussprechen des Titels (das klingt banal, ist aber nicht zu unterschätzen) wird es schon ein bisschen Realität. Der erste Schritt ist getan, die erste Entscheidung getroffen.

REZEPT №2

ODER LIEBER DOCH PLANEN?

Wenn du der virtuose, perfektionistische bzw. der rationale, pragmatische Kreativtyp bist, wirst du eher dazu tendieren, dir vor der praktischen Kreativarbeit einen Plan zu machen, anstatt dich sofort kopflos in die Arbeit zu stürzen. Dir ist es wichtig, vorab darüber nachzudenken, wie dein neues Projekt aussehen könnte. Du definierst ein Ziel, dass dir sinnvoll erscheint und deine Zeit und Arbeit auch wert ist. Auf dieses Projekt arbeitest du dann mit einem Plan gezielt hin.

Zum Planen eines Projektes stehen dir eine Menge Tools zur Verfügung. Du kannst dir über verschiedene Methoden ein großes Projekt klarer strukturieren und in Meilensteine (kleine Zwischenziele) aufteilen *(siehe Seite 120f.)*.

Schriftlich fixierte oder bildhafte Darstellungen sind weitere Möglichkeiten, dir deine Zeit einzuteilen und deine Projekte zu planen – und somit das große Ganze sichtbar zu machen. Je nachdem was dir mehr liegt, notierst du alle Stufen deines Projektes in einer Matrix z. B. in einer Projekt-Ablauf-Tabelle, einer geschriebenen Mindmap, einer To-do-Liste oder einem kalendarisch geführten «Bullet Journal®». Bist du eher der bildhafte Typ, kannst du dein Projekt mit einer Mindmap oder einem Moodboard, das nur aus Bildern besteht, visualisieren oder dir ein Visionboard (= Visionen-Pinnwand) anlegen. Online und virtuell geht das natürlich auch: ***Pinterest®*** und ***Gimmebar®*** eignen sich hervorragend, um deine Inspirationen auf digitale Pinnwände zu bringen.

#
#BulletJournal
#RyderCarroll
#Visionboard
#ToDoListe
#Mindmap
#Moodboard
#Pinterest
#Gimmebar

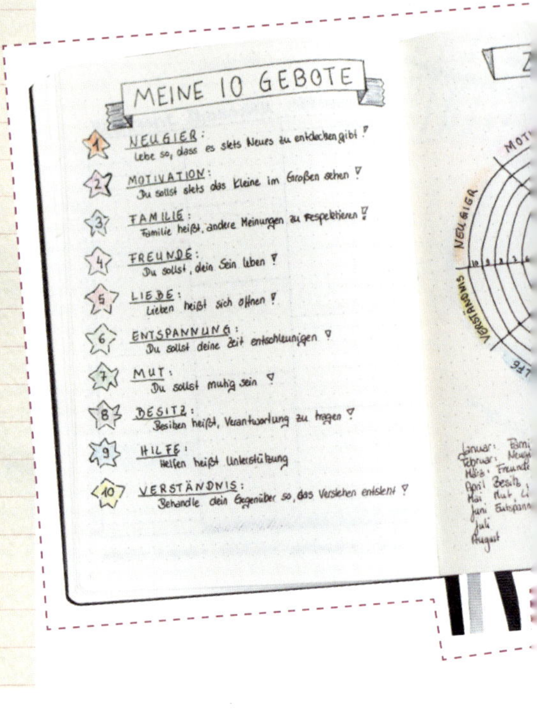

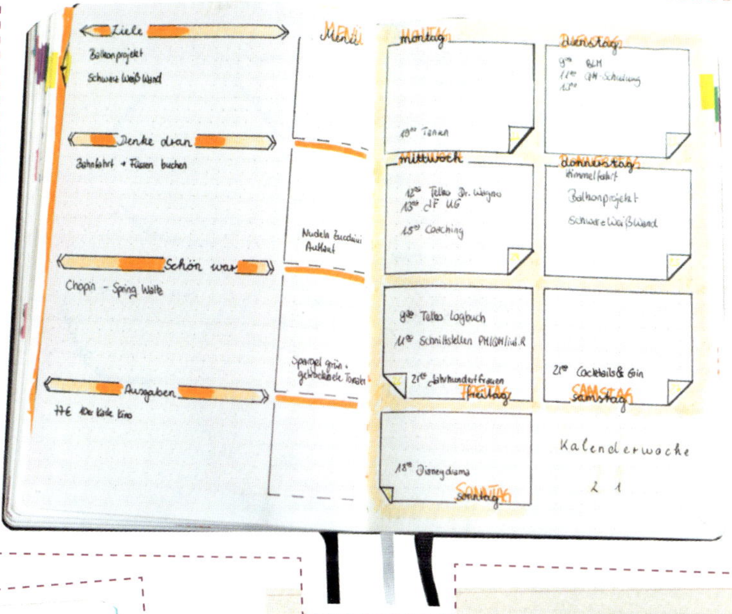

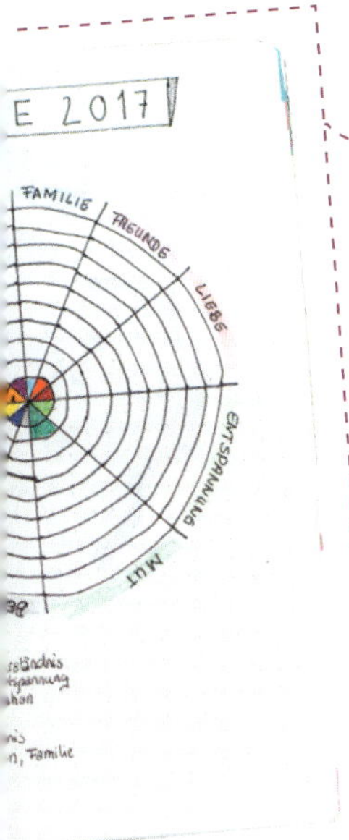

Das «Bullet Journal®» von meiner Freundin ***Ann-Kathrin Lumpe*** *(links: Jahresziele, oben: Planung einer Woche)* hilft ihr dabei, sich besser zu strukturieren, die Tages-, Wochen- und Jahresplanung für sich zu visualisieren, sowie das bereits Erlebte festzuhalten (ähnlich wie in einem Tagebuch) und darüber im Nachhinein auch zu reflektieren.
Erfunden hat diese visuelle «Zeitplanungsmethode mit Buch» der New Yorker Produktdesigner ***Ryder Carroll***. Er suchte eine persönliche Möglichkeit, sich trotz diagnostiziertem ADHS besser auf seine täglichen Aktivitäten fokussieren zu können.

ÜBUNG: *Auf Basis deines Projekttitels aus der Übung auf Seite 31 erstellst du dir ein Visionboard, eine Mindmap oder ein Moodboard. Dieses soll dir anschließend helfen, ein Gefühl für dein Projekt zu bekommen, ihm ein Gesicht zu geben und dir einen Überblick über die nächsten Schritte zu verschaffen.*

REZEPT №3

DAS RICHTIGE THEMA FINDEN

Bevor du kreativ aktiv wirst, brauchst du ein Thema. Zur Beruhigung: Meistens findet dich dein Thema und nicht umgekehrt. Es ist dir vielleicht neulich in einem Gespräch begegnet oder du hast etwas Interessantes gelesen und hattest anschließend eine Idee, nach dem Motto «Darüber sollte ich unbedingt mal was machen!» Oder es schlummert schon seit Ewigkeiten in dir. Gibt es eine Leidenschaft, die du seit Kindertagen verfolgst? Hast du ein Herzensthema, das immer wieder in deinem Leben aufploppt und beachtet werden möchte? Wer sind deine Vorbilder und warum? Höre auf dein Bauchgefühl und deine Intuition. Wenn es dich interessiert, packt und du das vermitteln kannst, wird es auch andere begeistern! Themen, die öffentliche Beachtung finden und erfolgreich werden, sind oft genau solche Herzensthemen. Denn sie wirken authentisch und lassen die Leidenschaft des Autors spüren.

Schreibe die Sachen, die dich nachhaltig beeindruckt haben und die du gern umsetzen möchtest z. B. in ein Ideenbuch. Das kann ein einfaches Notizbuch sein, das du hütest wie ein Tagebuch. Oder du machst ein erweiterbares Ideenposter, das du dir über den Schreibtisch hängst. Du kannst dir auch eine Ideenbox anlegen. Das kann eine Zigarrenkiste oder ein alter Schuhkarton sein, in dem du kleine Dinge und Notizen sammelst, die dich inspirieren (ähnlich wie die Schatzkisten, die manche Kinder unter dem Bett verstecken).

Und wenn es an der Zeit ist, ein neues Thema zu finden, weißt du, wo du Inspiration suchen kannst.

#Ideenbuch
#Ideenposter
#Ideenbox
#Herzensthema
#Bauchgefühl
#Intuition
#Ideensammlung

ÜBUNG: *Nimm dir etwas Zeit und lege dir eine Ideensammlung an.*
Was sind Themen, die dich bewegen und reizen?
Was sind wiederkehrende Fragen und Probleme, auf die du Antworten und Lösungen suchst? Schreibe sie auf und recherchiere ein bisschen dazu.
Das alles dokumentierst du in einem Ideenbuch, einem Ideenposter, einer Ideenwand oder einer Ideenbox.
Bedenke: Diese Sammlung ist in erster Linie für dich!
Du musst sie niemandem zeigen (kannst du aber).

Es gibt meines Erachtens drei Wege, um ein passendes Thema für ein (kreatives) Projekt zu finden. Zudem ist eine Mischung aus den drei folgenden Methoden bzw. Vorgehensweisen denkbar:

1) DIE INNERE RECHERCHE

Herzensprojekt, Intuition, Bauchgefühl, Kindheitsthema …

2) DIE EXTERNE RECHERCHE

Herangehensweise und Interesse eher rational, Recherche und Nachforschungen zum Thema haben fast wissenschaftliches Interesse

3) DIE KATHARSIS

Spontanes und unbewusstes «Aus-sich-heraus-Schöpfen» ohne Recherche, Unterbewusstes wird zu Tage gefördert, diese Methode wird oft bei der Kunsttherapie verwendet.

Hast du ein Thema gefunden, gilt es dieses mit deinen Mitteln und Ideen zu realisieren. Eine Möglichkeit, das Thema zu verinnerlichen ist, dir ein «Mission Statement» zu überlegen. Das ist dein kleines Manifest als knackige Überschrift und Handlungsanweisung (nur für dich) formuliert, das du auf einen Zettel schreibst, den du so leicht nicht übersehen kannst (z. B. auf den Badezimmerspiegel kleben, von innen an die Wohnungstür oder über deinen Schreibtisch hängen).

#Recherche
#Katharsis
#MissionStatement
#ManifestQuote
#Fragebogen

ÜBUNG: *Du hast ein Thema/Projekt gefunden, auf das du hinarbeiten möchtest? Formuliere einen Zielsatz, ein so genanntes «Mission Statement», schreibe es auf ein DIN-A4-Papier oder größer (so groß wie eine Überschrift) und hänge es dort auf, wo du es täglich sehen kannst!*

ÜBUNG: Wenn du nicht genau weißt, was deine Herzensthemen sind und was dich bewegt, kannst du dir in einem ruhigen Moment einmal Zeit nehmen und folgende Fragen beantworten. Sie können Aufschluss darüber geben, was dir wichtig ist und dich vielleicht zu deinem zukünftigen Projekt führen.

- *Was ist dein/e Lieblings-Film, -Buch, -Serie, -Lied / -Musik, -Essen, -Beschäftigung, -Kunstwerk / -Künstler – und vor allem warum?*

- *Was würdest du tun, wenn du nur noch ein Jahr zu leben hättest?*

- *Welche Gedanken und Erinnerungen geben dir Kraft?*

- *Was ist dein schlimmster Albtraum, was ist dein tollster Traum?*

- *Was macht dich am meisten glücklich / traurig?*

- *Was waren in deinem Leben die bisher größten Ereignisse, tollsten Begegnungen und Freundschaften, was waren Erfolge / Niederlagen?*

- *Was möchtest du anderen mit deinem Tun vermitteln? Was möchtest du weitergeben? Was soll von dir bleiben, wenn du einmal nicht mehr bist?*

- *Welche (z. B. gesellschaftlichen) Themen bewegen dich und warum?*

REZEPT №4

MATERIALFUNDUS: HORTE

#Materialsammlung
#Kreativhamster
#Kreativfundus
#Requisiten
#JuliGudehus

Der Mensch ist bekanntlich ein Jäger und Sammler. Insbesondere die kreativschaffenden unter ihnen sammeln gern, egal ob Gedanken und Projektideen oder Greifbareres in Form von Materialien – alles kann für spätere Projekte interessant sein. Sich einen Materialfundus anzulegen, ist dabei sehr hilfreich. Du solltest nur aufpassen, dich nicht zuzumüllen und deinen gehorteten Fundus ab und zu auszumisten.

Eine Kiste voller Fundstücke, eine Reihe von schönen Papieren, Notizbücher, bunte Textilien und Stoffreste, seltene Briefmarken und Glanzbilder, antike Puppen vom Flohmarkt, Setzkästen mit Klüngelkram, Bücher, Dosen mit Knöpfen in allen Formen und Farben, alte Magazine, Musik, Filme, gemusterte Washitapes, Schleifenbänder, Bilderrahmen, diverse Stempel, Farben und Stifte – alles kann dich inspirieren und erinnern: «Ach ja, dazu wollte ich mal etwas machen!» Und wenn der Tag für ein neues Projekt gekommen ist *(siehe Seite 36f.)*, dann weißt du, wo du suchen kannst!

ÜBUNG: *Was interessiert dich im kreativen Sinne? Hast du bereits eine Sammelleidenschaft? Wenn ja, kannst du diese für deine Kreativität nutzen? Mit welchen Materialien würdest du gern einmal arbeiten?*
Sammle Dinge, die dir aufgrund von Haptik, Ästhetik, Geruch, Geschmack, Aussehen, Idee/Konzept gefallen und die dich inspirieren. Mach etwas damit!

Oder: Gehe auf den Flohmarkt oder in einen Zubehör-Laden (z. B. Bastelbedarf, Baumarkt, Verpackungsladen) und schaue mit offenen Augen, ob du etwas findest, was dir gefällt und dich inspiriert, damit zu arbeiten.

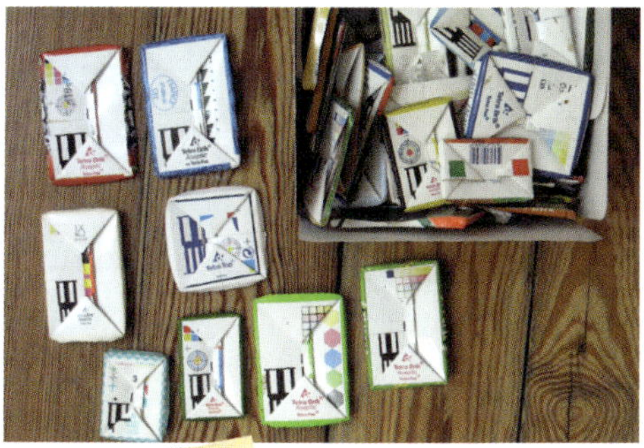

Die Gestalterin ***Juli Gudehus*** hat eine der tollsten Materialsammlungen, die ich kenne. In ihrer Berliner Wohnung findet man fein sortierte Papier- und Tapetenrollen, am Schreibtisch hängt ein dekorativer Fundus für Klebeband-Freunde und im Arbeitszimmer gibt es ein ganzes Regal voll mit bunten Kisten und Heftern, die nach Themengebieten sortiert sind und aufgrund der Materialität und des Designs das Interesse der Sammlerin geweckt haben. Eine Kiste enthält mehrere Hefter, in denen die Designerin Klopapier-Motivblätter aus aller Welt gesammelt hat. In einer anderen Kiste befinden sich Plastik-Verschlussklappen von Dosen und Flakons. Und in einer nächsten Box findet man diverse, internationale Bedienungsanleitungen.

REZEPT №5

FRAG DICH DURCH DEIN ZUKÜNFTIGES PROJEKT

Wenn du ein Thema gefunden hast, das du bearbeitet möchtest, gilt es, dieses mit Inhalt zu füllen. Dabei kannst du mit Hilfe der W-Fragen deinem gewählten Thema auf den Grund gehen. W-Fragen sind offene Fragen, d. h. du kannst sie nicht mit Ja oder Nein beantworten. Diese Fragen können lauten: Wer? Wem? Wen? Wessen? Wie? Wo? Wann? Welche? Was? Wobei? Womit? Woran? Wohin? Weshalb? Warum? Wieso? Worauf? Worum? Wovor? Wodurch? Woher? Weswegen? Woraus? Du kannst die Fragen ggf. weiter präzisieren: Wie viele? Wie oft? Wie weit?

Ein Beispiel macht die Methode vielleicht klarer: Stell dir vor, du schreibst eine Geschichte für ein Kinderbuch. Als inhaltliche Basis brauchst du: Thema (Was?), Figuren (Wer?), Ort/Setting (Wo?), einen Plot (alle W-Fragen zusammen). Um weiter in den Plot einzutauchen, kannst du deine Fragen konkretisieren: Was geschieht in der Geschichte? Wer ist involviert und warum? Wann ist etwas passiert? Wie ist das Ereignis abgelaufen? Warum ist es passiert? Was hat es für Folgen?

Zum o. g. Projektkonzept kannst du dir weiterführend folgende Fragen stellen: Was möchte ich mit der Geschichte aussagen (z. B. Moral, Ziel)? Wer ist die Zielgruppe des Buches (Kinder, Geschlecht, Altersspanne)? Zu welchem Verlag könnte die Geschichte passen? Wie viele Seiten brauche ich, um die Geschichte zu erzählen?

#WFragen
#Storytelling
#Kinderbuch
#Plot
#KreativesSchreiben
#LisaTegtmeier
#Kindheitserinnerung

Die Gestalterin ***Lisa Tegtmeier*** hat in ihrem freien Buchprojekt «Up'n Dörpe» die Erinnerungen an ihre Großeltern auf dem Lande visualisiert. Sie hat sich u. a. folgende Fragen gestellt: An welche Momente mit meinen Großeltern kann ich mich konkret erinnern? Welche Traditionen wurden gepflegt, als ich klein war? Welche Koch- und Backrezepte habe ich durch meine Großeltern kennengelernt?

ÜBUNG: *Stell dir vor, du triffst ein neugieriges Kind, das dich mit W-Fragen bzgl. deines aktuellen Projekts löchert. Zu jeder Antwort, die du gibst, hat das Kind eine neue Frage.*

Versetze dich in dieses Kind: Wie lauten die Fragen und wie erklärst du ihm, woran du gerade arbeitest?

Du kannst die Fragen und Antworten auch in einer Tabelle oder einer anderen schematischen Matrix visualisieren.

REZEPT №6

HANDLE WIE EIN KIND

Kinder handeln nach dem Lustprinzip! Wenn sie spielen, dann tun sie es mit voller Leidenschaft und Neugier. Sie vergessen dabei alles um sich herum, so vertieft sind sie bei der Sache. Kleinkinder scheinen in eine Parallelwelt abzutauchen. Vom diesem kindlichen Spiel kann man sich im kreativen Prozess viel abschauen! Nicht nur, wenn man allein an einem Projekt arbeitet, ist es schlau, manchmal die Perspektive eines Kindes einzunehmen. Auch die freie Wirtschaft und viele Unternehmen machen sich dieses Prinzip inzwischen zunutze: ***Kjeld Kirk Kristiansen***, der Haupteigentümer der Firma ***LEGO A/S***, entwickelte 1996 auf eigene Anregung den moderierten Prozess «LEGO® Serious Play® (LSP)». Damit vereinigte er die Vorteile des kindlichen Spiels, die Kombination aus freier Assoziation und dem Modellieren mit Legosteinen, und die Belange der Geschäftswelt miteinander. LSP kann moderiert in Unternehmen eingesetzt werden, um Problemlösungen nachweislich schneller zu finden. Es fördert außerdem die Innovation, verbessert die Unternehmenskommunikation und das Team-Building.

Der Künstler ***Jens Isensee*** hat in seinem Werk «White Washing Parade» unterschiedlichstes Spielzeug miteinander arrangiert. Er erhält so eine variable und raumgreifende Installation, die durch die einheitliche, weiße Einfärbung abstrahiert wird und zum einen den Blick lenkt, neugierig macht und zum anderen die Spiellust des Betrachters weckt.

\#WiederKindsein
\#SpielendEinfach
\#Kindisch
\#Experimentieren
\#ChaosMachen
\#Spielzeug
\#Lego
\#LSP
\#Legoseriousplay
\#KjeldKirkKristiansen
\#JensIsensee

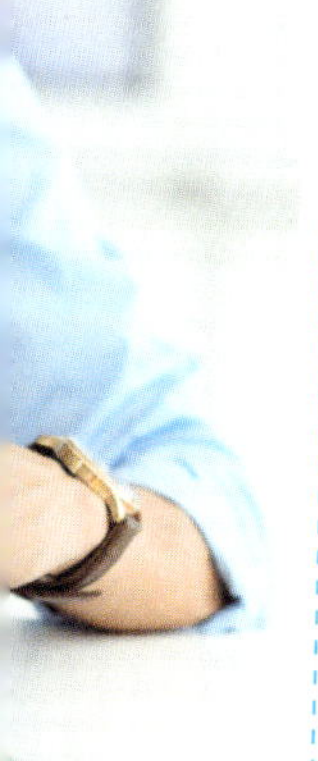

ÜBUNG: Nimm dir zwei bis drei Stunden konsequent Zeit, in denen dich niemand stören kann und du dich nicht mit anderen Dingen ablenkst. In diesem selbst gesteckten Zeitfenster arbeitest du aus der Perspektive eines Kindes an deinem Projekt. Stell dir vor, du bist sechs Jahre alt und spielst allein zu Hause in deinem Kinderzimmer mit deinem Projekt/Thema. Worauf hast du Lust? Mit welchen Worten kannst du das, was du tust und sagen willst, beschreiben? Welche Materialien würdest du gern verwenden? Achte nicht auf Ordnung, mach einfach und schau dabei nicht auf die Uhr!

REZEPT №7

DENK DAS GEGENTEIL

Die Kopfstandmethode ist ein beliebtes Mittel, um sich wortwörtlich um 180° in der eigenen Perspektive zu drehen und alles bisher Gedachte für sich in Frage zu stellen. Es geht darum, das Gegenteil von dem zu denken, was einem logisch und offensichtlich erscheint. Die meisten Dinge haben immer zwei Seiten. Der Vorteil dieser Betrachtungsweise ist, dass man so die zweite Seite einer Sache/eines Projektes gezwungen ist mitzudenken, auch wenn das erst einmal absurd oder uninteressant erscheint. Durch die zwei konträren Blickwinkel ergeben sich ungewöhnliche Fragestellungen, wie z. B.: Kann Musik tonlos sein? Kann man einen schönen Himmel sehen, obwohl es wie aus Eimern schüttet? Kann man mit einem schlechten Slogan seine Firma positiv bewerben? Die Antworten lauten: Ja, das geht, und es wurde gemacht! Hier ein paar Beispiele: ***John Cage*** komponierte 1952 das Stück «4'33"», in welchem er 4 Minuten und 33 Sekunden vor seinem Klavier saß und nicht spielte. Das ***Museum of Modern Art*** in New York hat den Regenschirm «Sky» des Designers ***Tibor Kalman*** in seiner «MoMA-Collection». Dieser inzwischen zu den Design-Klassikern zählende Regenschirm besticht durch einen Überraschungseffekt: Öffnet man ihn bei Regen und schaut nach oben, sieht man einen blauen Himmel mit Schäfchenwolken. Der als «Sir Vival» bekannte Autor ***Rüdiger Nehberg*** startete seine berufliche Karriere als Bäcker und Konditor mit eigenem Geschäft. Etwas provokant (ich würde es lebenslustig nennen), formulierte er den Slogan: «Konditorei Nehberg ... ES GIBT SCHLECHTERE». Die begehbare Kunstinstallation «Fichte» von ***Erwin Wurm*** zeigt über 40 haushohe Nordmanntannen, die von der Decke hängen.

#Kopfstandmethode
#Gegenteil
#Satire
#Absurdität
#JohnCage
#MoMaNY
#TiborKalman
#RüdigerNehberg
#ErwinWurm

ÜBUNG: Nimm dir ein Thema, das du magst, kennst und versuche es, dir selbst widersprechend, zu bearbeiten. Zum Beispiel: Schreibe darüber eine Schmähkritik; male ein Bild dazu, das du so nie malen würdest, weil du den Stil nicht magst.
Du kannst dabei vielleicht auch den ursprünglichen «Zweck» ad absurdum führen, beispielsweise entsteht ein Buch ohne Seiten, ein Gefäß mit Loch, Musik ohne Melodie, ein Kuchen aus Beton oder ein Tisch mit drei Beinen. Schau dir das Ergebnis an: Überlege, was es dir sagt und was du daraus weiterentwickeln kannst.

REZEPT Nº 8

INSPIRATIONSQUELLEN

Im Grunde kann dir alles als Inspiration dienen. Als Kreativschaffender ist die Grundvoraussetzung «Augen offen halten!». Man sollte immer bereit sein, Impulse für das eigene Schaffen zu erkennen und in sich aufzunehmen wie ein Schwamm. Tipp: Am besten sofort notieren (altmodisch analog mit Notizblock oder Skizzenbuch; digital per Telefon, Tablet und passender App, z. B. ***Evernote®***). Eine Ideenbox *(siehe Seite 34)* kann dir ebenso als Gedankenstütze für deine Inspirationen dienen.

Abgesehen von den Dingen, die uns täglich durch Zufall inspirieren und auf eigene Ideen bringen, gibt es außerdem die Möglichkeit, durch die Reizwort-Technik auf neue Ideen zu kommen. Dazu suchst du dir ein beliebiges Schriftstück (Buch, Duden, Lexikon, Zeitschrift), schlägst es willkürlich an einer Stelle auf und schaust, welches Wort dir als Erstes ins Auge fällt. Dieses Wort gleichst du mit dem Thema ab, das dich gerade beschäftigt.

Das funktioniert ebenso mit Reizbildern. Eine weitere Variante ist die Schnipseltechnik: Hier werden viele Einzelwörter bzw. -bilder auf einem Tisch ausgebreitet, neu miteinander und mit dem eigenen Thema kombiniert. Ziel dieser Techniken ist es, über scheinbar willkürliche Verknüpfungen das divergente Denken anzuregen, unkonventionelle Ideen zu generieren und damit dein Denken in ungewöhnliche Bahnen zu lenken. Sogar ***David Bowie*** nutzte diese Technik, *siehe Seite 66.*

\#

\#Reizworttechnik
\#Reizbildtechnik
\#Notizbuch
\#Evernote
\#Ideenbox
\#UngewöhnlicheOrte
\#AbfallWirdMaterial
\#Nachhaltigkeit
\#Schnipseltechnik
\#ChristineMayer
\#Upcycling
\#CradleToCradle

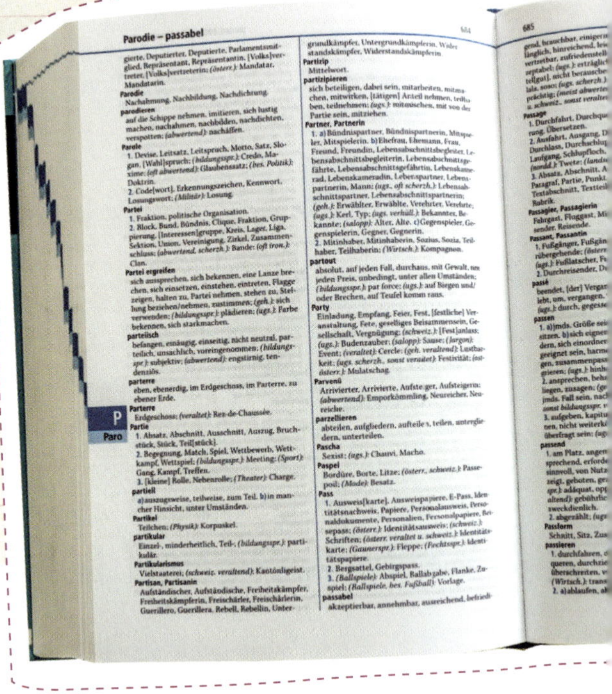

Die Designerin ***Christine Mayer*** entwirft Kleidung aus ungewöhnlichen Second-Hand-Textilien. «Jacke Tilbert» wurde z. B. aus recycelten Mehlsäcken genäht, «Hemd Freimut» aus handgewebtem historischem Leinen und Rolltuch, die «Hose Luke» war einmal ein Seesack. Alle Kleidungsstücke sind aus der «Mayer Peace Collection».

Passage – Pastor

schenkommen, sich einstellen, eintreten, sich ereignen, erfolgen, sich ergeben, gemacht/getan/unternommen werden, geschehen, stattfinden, sich tun, verlaufen, sich vollziehen, vonstattengehen, vorfallen, vorgehen, vorkommen, vor sich gehen, zustande kommen; *(geh.)*: sich begeben, sich fügen, sich zutragen; *(ugs.)*: los sein, über die Bühne gehen. b) erleben, erleiden, zustoßen, zuteilwerden; *(geh.)*: begegnen, erfahren, widerfahren.

3. durchpressen, durchseihen, durchsieben, durchstreichen, filtern, seihen, sieben, treiben; *(österr.)*: durchreitern; *(bes. Fachspr.)*: filtrieren; *(Kochkunst)*: streichen.

Passion

1. a) Element, Hobby, Liebhaberei, Lieblingsbeschäftigung, Neigung, Steckenpferd, Vorliebe; *(bildungsspr.)*: Faible. b) Anteilnahme, Aufopferung, Begeisterung, Eifer, Einsatz[bereitschaft], Feuereifer, Hingabe, Hingebung, [innere] Beteiligung, Leidenschaft, Opferbereitschaft; *(geh.)*: Inbrunst; *(bildungsspr.)*: Engagement, Enthusiasmus.

2. Kreuzesweg, Leiden, Leidensgeschichte, Martyrium; *(geh.)*: Dornenweg.

passioniert

aus Passion, begeistert, eifrig, fleißig, hingebungsvoll, lebhaft, leidenschaftlich, mit [voller] Hingabe/Hingebung; *(geh.)*: glühend; *(bildungsspr.)*: engagiert.

passiv

abwartend, energielos, hinnehmend, inaktiv, schwunglos, tatenlos, teilnahmslos, temperamentlos, träge, unbeteiligt, untätig, willenlos, zurückhaltend; *(bildungsspr.)*: apathisch, indolent, lethargisch, phlegmatisch; *(ugs. abwertend)*: lahm, schlafmützig, tranig, unspritzig, verschnarcht.

Passiv

Leideform; *(Sprachwiss. veraltet)*: Passivum.

Passivität

Energielosigkeit, Gleichgültigkeit, Initiativlosigkeit, Tatenlosigkeit, Teilnahmslosigkeit, Temperamentlosigkeit, Trägheit, Untätigkeit, Willenlosigkeit; *(bildungsspr.)*: Apathie, Indolenz, Lethargie, Phlegma.

Passus

Abschnitt, Artikel, Ausschnitt, Kapitel, Paragraf, Partie, Passage, Punkt, Stelle, Stück, Teil[stück], Textabschnitt, Textpassage, Textteil; *(bildungsspr.)*: Rubrik.

Passwort

1. Kennwort, Losung, Parole.
2. *(EDV)*: Kennwort, Schlüsselwort.

Paste

Balsam, Creme, Salbe; *(ugs.)*: Schmiere.

pasteurisieren

entkeimen, haltbar machen, keimfrei/steril machen, sterilisieren.

Pastor

Diener der Kirche, Diener Gottes, Geistlicher, Pfarrer, Prediger, Priester, Seelsorger, Theologe;

P
Past

ÜBUNG: *Besuche oder besichtige einen ungewöhnlichen, dir bisher unbekannten Ort, wie z. B. ein Materiallager, eine Werkstatt oder eine Produktionsstätte (z. B. eine Buchbinderei, eine Fabrik). Schau dir genau an, mit was für Materialien vor Ort gearbeitet wird. Welche produktionstechnischen Abläufe gibt es (z. B. an den Maschinen)? Alles ist interessant, auch die dort produzierten Abfälle! (Industrieabfälle erfahren durch Innovation und den Nachhaltigkeitsgedanken immer öfter ein zweites Leben, z. B. Upcycling, Cradle-to-Cradle-Prinzip).*

REZEPT №9

RENDEZVOUS MIT DIR SELBST

Kennst du das? Seit Tagen (oje, es sind schon Wochen) möchtest du diese eine Sache endlich anfangen! Du bist voller Vorfreude und Tatendrang. Aber ständig kommt etwas dazwischen und das Projekt muss warten, weil es «nicht dringend, nicht wichtig genug» ist (z. B. weil es ein freies Projekt nur für dich ohne Bezahlung ist). Es gibt zwei Möglichkeiten: Entweder du findest dich damit ab, dass solche Sachen in deinem Alltag unbearbeitet liegen bleiben und du nicht dazu kommst, sie anzugehen (vielleicht sind sie dir dann auch nicht wichtig genug) oder: Du entscheidest dich bewusst dafür, dir Zeit zu nehmen, obwohl es dich zeitlich in Bedrängnis bringen könnte. Ich nenne das «ein Rendezvous mit sich selbst vereinbaren».

Durch die Festlegung eines konkreten Termins und einer Zeitspanne (mindestens vier Stunden, maximal ein Tag) und einer Aufgabe, die man in der Zeit erledigen möchte, bekommt der Termin eine gewisse Ernsthaftigkeit und Verbindlichkeit, eben wie bei einem Date. Man fühlt sich eher verpflichtet, den Termin einzuhalten. Wichtig wäre, dass man während des Rendezvous keine Störungen von außen zulässt, d. h. man regelt ggf. vorher, dass einen niemand anruft oder stört («An dem Tag kann ich nicht, da habe ich einen Termin.») bzw. stellt mögliche Störquellen für diese Zeit ganz aus. Achtung: Das erscheint dir albern, ist aber total wichtig! Bei einem Rendezvous würdest du ja auch nicht ans Telefon gehen, mit Dritten kommunizieren und deine Mails checken, oder?

Du wirst staunen, wie viel du dir in dieser komprimierten «Für-dich-Zeit» ausdenken kannst, wenn dich nichts ablenkt.

Man kann das Prinzip auch auf eine längere Zeitspanne anwenden, dann ist es z. B. «ein Urlaub mit dir selbst».

#SichZeitNehmen
#Rendezvous
#Prioritäten
#ZeitFürSich
#GeschützterRaum
#Projekttag
#ChristophNiemann
#SundaySketching

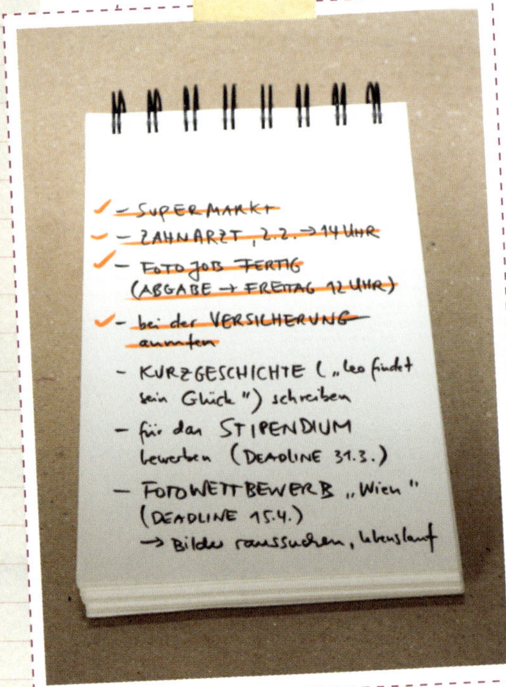

ÜBUNG: *Schau in deinem Kalender nach einem Tag, an dem es noch keine Termine gibt. Trage dort dein «Rendezvous mit dir selbst» ein. Überlege dir vorab genau, was du in der Zeitspanne schaffen willst (bleibe dabei realistisch). Ein konkretes Ziel zu formulieren, kann nützlich sein. Warte ab, wie dein Rendezvous läuft und lege ggf. weitere Termine fest. Du kannst zusätzlich, wenn dir Routine hilft, einen bestimmten Wochentag mit Zeitspanne festlegen, z. B. «Montag von 9–14 Uhr ist immer mein Projekttag». Nimm diese Termine ernst und wahr!*

Der Illustrator ***Christoph Niemann*** versucht neben seinen Auftragsarbeiten auch immer «feste Dates mit seinen freien Projekten» einzurichten. Es sei besser, wenigstens regelmäßig ein bisschen frei zu arbeiten als gar nicht, sagt er. So kann das Projekt langsam, aber stetig wachsen. Sein «Sunday Sketching» ist auf diese Weise entstanden.

REZEPT №10

CHAOS!

Alle Kreativen haben es schon einmal erlebt (auch die ordentlichen): Das kreative Chaos bricht über den Arbeitsplatz herein. Es tritt meistens zum ersten Mal in Erscheinung, wenn du mitten im Findungsprozess steckst: Bücherstapel, Stifte, Materialien, Zeitungsschnipsel, Notizzettel, Tablet, Laptop, Smartphone, Kekse, Kaffeetasse, Thermoskanne … Der Schreibtisch ist voll, du weichst schließlich auf umliegende Ablageflächen und den Boden aus. Kreatives Chaos ist nichts Schlimmes, zu vermeidendes. Es ist eine Phase, in der die Ordnung nicht mehr an erster Stelle steht, weil du dich auf etwas anderes fokussierst: den Schaffensprozess.

Versuche, das Chaos zu ignorieren und dich auf deine Aufgabe zu konzentrieren, so lange bis du dein Ziel erreicht hast. Aufräumen würde dich nur rausbringen und ablenken (und du würdest dich jetzt gern ablenken, stimmt's?). Nutze dein kreatives Chaos und tauche ein in dein von außen wild wirkendes Schaffen.

Eine Studie der ***University of Minnesota Carlson School of Management*** hat festgestellt, dass die Arbeit in einem unordentlichen, chaotischen Raum die Probanden dazu brachte, neue Dinge zu versuchen und kreative Ideen zu entwickeln, was dagegen in einem aufgeräumten Raum nicht passierte.

Unordnung und Chaos haben auch so etwas Kindliches, Unangepasstes, man verlässt die Norm und damit auch die ausgetretenen Wege. «Ordnung ist gut für den Überblick, Chaos für Überraschungen» sagt der Chemiker und ***Professor Dr. Hans-Jürgen Quadbeck-Seeger*** und er hat Recht. Ordnung für den Anfang und für den Abschluss eines Projektes ist sinnvoll, dazwischen darf ruhig mal Chaos herrschen, denn das beflügelt zumeist den Schaffensprozess.

#KreativesChaos
#Atelier
#UniversityOfMinnesota
#CarlsonSchoolOfManagement
#HansJürgenQuadbeckSeeger
#Findungsprozess
#Schaffensprozess
#FrancisBacon
#UlrikeMöltgen

Die Illustratorin ***Ulrike Möltgen*** ist vor allem durch ihre bunten Collagen bekannt. Sie arbeitet am liebsten auf dem Fußboden. Das Wohnzimmer wird okkupiert und kurzerhand zum Atelier umfunktioniert.

Noch eine Spur heftiger ging es in der Dachgeschoss-Wohnung des englischen Malers ***Francis Bacon*** zu, fotografiert von ***Perry Ogden***: Bacons kreatives Chaos nahm messihafte und manische Züge an. Die Möbel waren kaum noch auszumachen, die Türen und Wände funktionierte er zu seiner großen Malpalette um.

ÜBUNG: *Betrachte dich von außen in deiner kreativen Arbeitsumgebung. Wie viel Ordnung und wie viel Chaos brauchst du? Was lenkt dich ab, wenn du mittendrin bist? Lege dir vorab alles zurecht, was du denkst zu brauchen.*

REZEPT №11

KOMBINIERE NEU

Du kennst wahrscheinlich die Aussage: «Alles wurde bereits erfunden. Es gibt nichts, was es nicht schon gibt.» – So gesehen müsste niemand mehr kreativ werden und sich die Mühe machen, etwas vermeintlich Neues zu erschaffen. Doch Achtung: So einfach ist es dann aber doch nicht! Natürlich werden immer noch neue Dinge erfunden und kreiert. Allerdings geschieht das seltener als früher (zumindest erscheint uns das so). Dies liegt u.a. an der Omnipräsenz aller Ideen und ihrer potenziellen Verfügbarkeit durch das Internet. Haben wir eine Idee, wird erst einmal gegoogelt. In wenigen Sekunden können wir sehen, ob und wer alles dieselbe Idee (vor uns) hatte. Das kann im Findungsprozess lähmend und demotivierend sein.

Vielleicht musst du das Rad ja nicht neu erfinden. Die Kombination bereits bestehender Ideen, Systeme, Branchen, Felder, Elemente usw. kann ebenso zu Innovation führen. Denn kombinieren heißt, eine sinnvolle Verbindung von mindestens zwei verschiedenen Dingen oder eine geistige Verknüpfung unterschiedlicher Ideen und Gedanken herbeizuführen.

Schau dich doch einmal um: Welche Elemente könntest du auf deinem kreativen Spielplatz miteinander kombinieren und so etwas Neues schaffen? Ganz egal, ob es sich hierbei ums Backen, Kochen, Bildermachen, Handwerken, Gestalten, Texten, Schauspielern oder Musikmachen handelt: Diese Methode funktioniert in allen Branchen! Es können naheliegende Kombinationen sein, hier besteht allerdings die Gefahr, dass du nicht als Erster auf die Idee gekommen bist. Daher sind gerade solche Dinge spannend, die sich scheinbar im ersten Augenblick nicht sinnvoll kombinieren lassen!

#

#Kombinieren
#Verbindung
#Verknüpfung
#Interdisziplinär
#Kochen
#Foodblog
#BerndLabetzsch
#UlrikeBrenner
#TatendrangDesign
#ToniaWiatrowski
#RobertaBergmann
#Damensalat
#Kühlschrankmagnete
#Kombinatorik

ÜBUNG: *Nimm dir mindestens 30 Minuten Zeit und kombiniere zwei Dinge aus deiner alltäglichen, kreativen Arbeit, die üblicherweise nicht kombiniert werden. Experimentiere ein bisschen damit, bis dir das Ergebnis sinnvoll erscheint.*

Beim Kochen gibt es die wildesten Kombinationen! Hast du jemals eine geräucherte Forellenmousse zusammen mit Rote-Beete-Eis probiert?
Dieses Rezept vorgeschlagen haben der Foodblogger ***Bernd Labetzsch*** und die Köchin ***Ulrike Brenner.***

Zusammen mit ***Tonia Wiatrowski*** habe ich das Magnetspiel «Damensalat» erdacht, das bei unserem Label ***Tatendrang-Design***® produziert wurde. Das Ziel des Spiels ist es, die vier gezeichneten und jeweils in vier Teile geteilten Damen neu zusammenzusetzen. Probierst du das, ergeben sich zig neue Kombinationsmöglichkeiten und unterschiedlich eingekleidete Damen– weißt du, wie viele Varianten es sind?

REZEPT Nº 12

VARIANTENREICHTUM

Die «Variation», also die Veränderung einer Idee, eines Themas oder eines Motives in der jeweiligen Kreativsparte (Schreiben, Musik, Kunst, Nähen, Kochen, Darstellen etc.) erfordert Kreativität, Ausdauer und Fleiß. Wenn du bereit bist, viele Varianten zu kreieren, wirst du im Laufe deines Schaffensprozesses eine Steigerung deiner Kreativität erfahren. Und das wiederum liegt an deiner kreativen Schaffenskurve. Diese ist zwar für jeden Kreativtypen individuell im Verlauf (die einen produzieren am Anfang mehr unterschiedliche Varianten, die anderen werden über die Dauer des Schaffensprozesses stetig produktiver), dennoch haben die unterschiedlichen Prozess-Verläufe eins gemeinsam: Je länger es dauert, desto ungewöhnlichere Variationen werden geboren. Und das liegt u. a. daran, dass du am Anfang noch gewohnte Wege gehst, dich auf das verlässt, was du kannst, auf Techniken, die du kennst, Kombinationen, die du magst. Wenn du das aber gedanklich durchgespielt hast, bleibt dir nichts anderes übrig, als das vertraute Terrain (= deine Komfortzone) zu verlassen. Und hier wird es erst richtig interessant! Ab dem Zeitpunkt, wo du experimentierst und herumprobierst, entstehen ganz neue Möglichkeiten und Ergebnisse, die dich selbst überraschen werden. Deshalb ermutige ich dich, nicht an dem Punkt aufzuhören, wo es scheint, schwierig zu werden: Halte durch und versuche, noch mehr Varianten zu finden.

\#

#MonaLisa	#PetrusAkkordeon
#LeonardoDaVinci	#AnitaSchwörer
#JohannesEsser	#BilleWeidenbach
#RalphBergel	#DoroHerrmann
#GilaVonMeissner	#FelixBork
#RobertaBergmann	#KathrinJebsen
#KristinaBrasseler	#MeikeTöpperwien
#CharlotteWagner	#UlrikeHeidemann
#MarieMüller	#Apfelhase
#SilviaKarkut	#ChristinKloss
#DariaLitvinova	#HannahSchrage
#TessaRath	#ArianeKrahl
#ArindaCraciun	#ElkeErat
#Saramin	#EvaJaegerNilius

Über Facebook hatte ich Kreativschaffende gebeten, mir ihre Variante der bekannten «Mona Lisa» von ***Leonardo da Vinci*** zu schicken. Das komplette Namensregister der Mona-Lisa-Interpretatoren findest du noch einmal auf *Seite 154*.

ÜBUNG: *Versuche, von einem Kunstwerk deiner Wahl so viele Varianten wie möglich zu erstellen. Versuche, dich nicht zu wiederholen und möglichst unterschiedliche, konträre Ergebnisse zu erzielen. Wenn du denkst, dir fällt nichts mehr ein, schaffst du mindestens noch zehn weitere Varianten. Denn bei dieser Übung ist es wichtig, nicht zu früh aufzugeben!*

REZEPT №13

DAS UNTERBEWUSSTE NUTZEN

Im kreativen Prozess ist das eigene Unterbewusstsein ein nicht zu unterschätzender Faktor. Du solltest es vom Kreativprozess nicht ausschließen, sondern stattdessen die unterbewussten Signale wahrnehmen, interpretieren und in den Kreativprozess mit einfließen lassen. Das kann dich und dein Projekt stark bereichern.

Mir fallen vor allem im Übergang von Wachen und Schlafen die besten Dinge ein. Im Bett liegend und dämmernd komme ich z. B. auf die besten Titel für meine Bücher. Titel, die mir über Brainstorming und -writing vorher nicht einfallen wollten. Einen Notizblock und einen Stift neben dem Bett zu haben, ist daher bei mir Pflicht! Das ist außerdem gut, um meine Träume zu notieren. Denn ich bin eine Traumsammlerin. Einer meiner noch offenen Kreativprojekt-Wünsche ist es, ein illustriertes Traumbuch zu schreiben.

Aber auch Tagträume – z. B. wenn du duschst, aus dem Fenster schaust oder eine Kaffeepause einlegst – können hilfreich sein, um deine Kreativität zu pushen. Wie in der Einschlaf- und Aufwachphase ist die Arbeitspause eine Zeit, in der du entspannt bist und deine Gedanken freier umherschweifen können. Ohne Zwang träumst du mit offenen Augen, dein Unterbewusstsein kann Probleme sowie Ideen betrachten und bearbeiten, ohne dich bewusst zu stressen.

Ähnlich verhält es sich mit der selektiven Wahrnehmung: Dir ist eine Problemstellung bewusst, dein Gehirn (immer auf der Suche nach Information) sucht unbewusst nach einem bestimmten Muster. Dabei werden unwichtige Teilaspekte deiner Wahrnehmung ausgeblendet und dein Blick wird fokussiert.

#

#Unterbewusstsein
#Tagtraum
#Träume
#Traumtagebuch
#Duschen
#Pause
#SelektiveWahrnehmung
#AnjaMillen
#LauraNagel
#Surreal

ÜBUNG: *Lege dir ein Traumtagebuch an, positioniere es in der Nähe deines Schlafplatzes und schreibe über einen längeren Zeitraum deine Träume nach dem Aufwachen auf.*
Führe außerdem in deinem Alltag ein (analoges oder digitales) Notizheft mit dir, in das du aufkommende Geistesblitze, Ideen und Gedanken notieren kannst (z. B. in einer Kaffeepause, bei einem Meeting, im Zug oder in anderen öffentlichen Verkehrsmitteln).

Die irische Künstlerin ***Anja Millen*** übermalt Aktfotografien, die dadurch düster, verstörend und surreal auf den Betrachter einwirken.

Die argentinische Fotokünstlerin ***Laura Nagel*** ist bekannt für ihre düsteren, albtraumhaften Bilder, die durch eine Mixtur aus Fotografie und Illustration entstehen.

REZEPT №14

PROBIER ES MAL MIT MATHEMATIK

Keine Angst, ich spreche von «Mathematik» im übertragenen Sinn: Addieren, Subtrahieren, Multiplizieren und Dividieren sind die Grundrechenarten. Diese kannst du als Methode ganz leicht auf deine Ideen, Produkte, Problemstellungen, Aufgaben, Projekte usw. übertragen.

Addieren heißt, mehrere Funktionen zusammenzuführen: Addierst du z. B. zu einer Illustration, die du dir gerahmt an die Wand hängen könntest, eine Uhr, erhältst du in der Summe ein schönes Wandbild und du weißt gleichzeitig, wie spät es ist.

Wenn du subtrahierst, ziehst du etwas ab bzw. trennst Teilaspekte ab oder hebst diese auf. Ein Beispiel ist das Werk «Gestrichene Zeitungen» des Künstlers ***Timo Hoheisel***. Er nahm jeweils eine Ausgabe der deutschen Tageszeitungen «FAZ», «Die Welt», «Die Zeit» und «Süddeutsche Zeitung» und subtrahierte ihren Inhalt, indem er sie mit Weiß übermalte.

Ein Beispiel, bei dem sowohl addiert und subtrahiert wird, ist die Musikströmung «Minimal»: Durch Hinzufügen oder Fortnehmen einzelner Noten innerhalb einer Melodie wird diese in ihrer rhythmischen Struktur verändert. So entstehen aneinander gereihte, mathematisch wirkende Varianten ein und desselben Themas.

Wenn du Muster erstellst, ist das nichts anderes als die Multiplikation mehrerer Elemente auf einem Format – durch Rapport geht diese sogar unendlich weiter, so macht das z. B. auch ***Michaela Müller***.

Und wenn du eine längere Geschichte zu erzählen hast und sie z. B. durch drei teilst, erhältst du als Ergebnis eine Buchreihe in drei Bänden!

#

#Rechnen
#Aitch
#Society6
#TimoHoheisel
#MinimalMusic
#Muster
#Rapport
#MichaelaMüller

Illustrierte Uhr in dem Onlineshop von ***Society6*** von der rumänischen Künstlerin ***Aitch***.

ÜBUNG: *Überlege, ob du für dein Projekt eine der Rechenarten anwenden kannst, um es zu verbessern! Addiere, wenn noch etwas fehlt, subtrahiere, wenn es bereits zu komplex ist (und/oder teile es in mehrere Projekte auf) etc.*

REZEPT №15

PROVOZIEREN, REBELLIEREN: ZEIT FÜR WILDE IDEEN!

Rebellisch zu sein, sich dem Alltag und vorherrschenden Konventionen zu widersetzen, das Bestehende in Frage zu stellen und bereit zu sein, neue und vor allem eigene Wege zu gehen, das gehört bei vielen Kreativschaffenden zur täglichen Auseinandersetzung im eigenen kreativen Wirken. Diese Vorgehensweise erfordert sehr viel Energie und Ausdauer, denn du wirst wahrscheinlich im Schaffensprozess auf Widerstände stoßen. Das können eigene Zweifel oder Gegenwind von anderen sein. Das Wichtigste ist, dich davon nicht entmutigen zu lassen. Ein kreativer Geist sollte frei sein dürfen, oftmals ist Innovation sogar nur unter diesen Bedingungen möglich.

Provokantes Verhalten, also das gezielt bewusste Hervorrufen und damit ggf. auch Manipulieren einer Reaktion beim Betrachter/Konsumenten, ist eine weitere Möglichkeit, auf dich und deine Ideen aufmerksam zu machen. Du solltest es allerdings dosiert anwenden und darauf achten, anderen damit nicht zu schaden.

In diesem Zusammenhang steht auch die «Provokationstechnik» des Kognitionswissenschaftlers ***Edward de Bono***. Er stellte bestehende Annahmen und Sichtweisen mit dieser Kreativitätstechnik in Frage, indem er «Was wäre wenn ...?»-Aussagen traf. Diese provokanten, meist abwegigen Behauptungen sollten im Kreativprozess neue Denkweisen auslösen.

Autonom und wider allen Erwartungen zu handeln sowie die Bereitschaft, wilde Ideen zu produzieren, kann eine Vorgehensweise sein, um deine Kreativität in neue Bahnen zu lenken und sie so zu steigern.

#

#WildeIdeen
#Provokationstechnik
#EdwardDeBono
#LewisCarroll
#AliceImWunderland
#ElsaSchiaparelli
#Dadaismus
#Surrealismus
#Bowknotsweater
#SalvadorDalí

ÜBUNG: *Stell dir vor, du müsstest dich bei einem deiner aktuellen Projekte nicht an gewisse Vorgaben halten, sondern könntest ganz frei, wild und autonom an die Lösung der Aufgabe herangehen. Wie sähe dann dein Weg aus und wie würde er sich vom bisherigen Vorgehen unterscheiden? Was würdest du anders machen? Was würdest du weglassen, was stattdessen tun? Wie sähe dein Wunschergebnis dann aus? Was kannst du daraus für dich ableiten?*

«Um anzufangen, schickte ich meine Heldin in den Kaninchenbau, ohne die leiseste Ahnung, was danach passieren würde. […]» So erklärte der Mathematiker und Autor ***Lewis Carroll*** die Ursprungsidee zu seinem weltberühmten Buch «Alice im Wunderland» aus dem Jahr 1865. Der Rest ist Geschichte: Ein wilderes Kinderbuch, das im sehr krassen Gegensatz zu der damaligen, belehrenden viktorianischen Kinderliteratur stand und das heute zur Nonsens-Literatur gezählt wird, hatte man zu seiner Entstehungszeit nicht gesehen.

Die Modeschöpferin ***Elsa Schiaparelli*** designte Aufsehen erregende Mode und Accessoires, beeinflusst durch die Kunstszene der damaligen Zeit, z. B. die Surrealisten. Entdeckt wurde ihr Talent, als sie 1927 als Zuschauerin einer Modenschau ihren gestrickten «Bowknot-Sweater» trug, der sie später weltberühmt machen sollte.
Eine andere wilde Idee entstand in Kooperation *(siehe: Kreativrezept №17)* mit dem weltbekannten Künstler ***Salvador Dalí***: Der «shoe hat» (Schuh-Hut) aus dem Jahr 1937 war ein Hut aus Filz in Form eines umgedrehten Pumps.

REZEPT №16

PERSPEKTIVENWECHSEL

Die eigene Perspektive zu wechseln, ist eine weitere Möglichkeit, um brandneue Ideen zu generieren. Sicherlich geht es dir wie mir: Du steckst ab und zu im eigenen Ideensumpf fest, bewegst dich gedanklich nicht weit genug «von dir selbst» weg und kommst zu schnell auf Naheliegendes, aber nicht auf ganz neue Ideen. Doch wie wechsle ich denn nun die eigene Perspektive? Es gibt mehrere Wege: Du kannst dir vorstellen, jemand anderes zu sein, z. B. jemand, den du bewunderst. Wie würde die Person an dein Projekt herangehen, wie würde sie das Problem lösen?

Oder du nimmst in einem fiktiven Rollenspiel verschiedene Rollen (und somit Perspektiven) ein. Der Autor ***Robert B. Dilts*** sagte über den berühmten Zeichner ***Walt Disney***: «(...) tatsächlich gab es drei Walts: den Träumer, den Realisten und den Miesepeter (...)» Rollen, die du einnehmen kannst, um dein kreatives Projekt zu beurteilen, sind nach der «Walt-Disney-Methode»: der Träumer, der Realist, der Kritiker und als Ergänzung der neutrale Beobachter. Sie können dir helfen, von außen auf das zu schauen, was du gerade machst.

Du kannst aber nicht nur deine Einstellung/Meinung perspektivisch wechseln, sondern auch deinen Blick auf den Kreativprozess: Was wäre, wenn du alles, was feststeht, in Frage stellst? Kann ich aus einer schwebenden Tasse Kekse essen? Taugen Gummistiefel nur für Ausflüge in den Regen? Kann ich Teekannen nur mit Tee befüllen? Kann in Obstkisten nur Obst gelagert werden? Wer bestimmt das? Du kannst jeden Gegenstand, jede Situation, jedes Koch- und Backrezept etc. zweckentfremden und dir daraus etwas völlig Neues erschaffen.

#Perspektivenwechsel
#Rollen
#Walt Disney
#WaltDisneyMethode
#RobertBDilts
#Zweckentfremden
#Herzallgaeuerliebst
#Upcyceln

Geschirr-Recycling: Hier sieht man eine selbst gemachte Etagere von ***Herzallgäuerliebst*** aus Sammelgeschirr.

ÜBUNG: *Teste die «Walt-Disney-Methode» anhand eines aktuellen Kreativprojektes von dir! Du kannst das ggf. auch in einem Team mit verteilten Rollen ausprobieren.*

Ohne viel Aufwand kannst du aus alten Gegenständen etwas Neues und Individuelles machen, indem du sie zweckentfremdest und ihnen anschließend eine neue Form und Funktion zuweist.

REZEPT № 17

EREMIT ODER TEAMPLAYER?

Ob du besser allein oder im Team kreativ sein kannst, hängt ganz von deiner eigenen Entscheidung bzw. Vorliebe ab – und wahrscheinlich davon, was du bisher für Erfahrungen gemacht hast. Abhängig davon, wie groß oder klein (Zeitaufwand, Komplexität der Aufgaben, finanzieller Aufwand und Ertrag, einzubringende Eigenmittel wie Materialien, Equipment etc.) ein Projekt im Verhältnis zur personellen Ressource ist, wirst du entscheiden müssen, ob du es allein oder im Team durchführen möchtest. Beides, das Eremiten-Dasein als auch das Arbeiten im Team, hat seine Vor- und Nachteile, die du kennen und in deine finale Entscheidung einbeziehen solltest.

Teamarbeit setzt außerdem gegenseitiges Vertrauen voraus. Wenn du im Team arbeitest, musst du dazu bereit sein, bis zu einem gewissen Grad loslassen und Kontrolle abgeben zu können. Ebenso sollte jeder im Team kompromissbereit sein.

Und Teamarbeit braucht Zeit, vor allem bei Teams, die vorher noch nie zusammengearbeitet haben. Diese «Kennenlernphase» solltest du zeitlich mit in den Prozess einplanen. Ist das Team erst einmal eingespielt, wirst du sehr davon profitieren, Zeit und Ressourcen sparen. Die Kreativität wird sich enorm steigern, weil ihr zusammen auf mehr Ideen kommt, als wenn jeder für sich allein arbeiten würde.

#EremitVsTeamplayer
#StarkesTeam
#MarinaAbramović
#Ulay
#Performancekunst
#Riptide
#Braunschweig
#AndréGiesler
#ChristianRank

Allein arbeiten	Teamarbeit
+ keine Abstimmung mit Dritten nötig + Ertrag muss nicht geteilt werden (z. B. höherer Verdienst) + … – kleinerer Kreativpool – Risiko und Verantwortung liegen allein bei dir – höherer Zeitaufwand – höhere Eigenleistung (z. B. finanz. Vorleistungen) – ggf. höherer Stresspegel aufgrund von Belastung – …	+ größerer Kreativpool, aus dem ihr schöpfen könnt + Risiko und Verantwortung werden geteilt + niedrigerer Zeitaufwand + niedrigere Eigenleistung (z. B. finanz. Vorleistungen) + ggf. niedrigerer Stresspegel + … – Abstimmung mit Team nötig, ggf. Kompromisslösungen finden – Ertrag wird geteilt – Potenzial für Uneinigkeit/Streit – …

Marina Abramović und ***Ulay*** zählen zu den großen Pionieren der Performance-Kunst. Ihre Zusammenarbeit begann 1976. Das Künstlerpaar, das auch privat liiert war, entwickelte wegweisende Performances, die oft ihre körperlichen Grenzen ausloteten oder überschritten. 1988 trennten sie sich mit einer 90-Tage-Performance auf der Chinesischen Mauer.

ÜBUNG: *Löse ein paar der Übungen dieses Buches allein UND im Team. Was fällt dir auf? Wo liegen die Unterschiede (Herangehensweisen, Arbeitsprozesse, Lösungen)? Was präferierst du?*

Plattenladen, Café und Kunstausstellung in einem: So entstand die Idee für das ***riptide*** in Braunschweig. Ausgedacht haben sich dieses Konzept 2007 das Team ***André Giesler*** und ***Christian Rank***. Die beiden Freunde und Quereinsteiger sind für diese kreative Teamarbeit mehrfach ausgezeichnet worden.

REZEPT №18

ZUFÄLLE GIBT ES

Viele Ideen entstehen nicht aus einer Absicht heraus, sondern einfach durch puren Zufall: Du bist im Schaffensprozess und hast ein ungefähres Ziel vor Augen. Plötzlich passiert etwas Unvorhergesehenes: Der Pinsel kleckst, die Wolle zum Stricken oder Häkeln ist vorzeitig alle, du verwechselst die Mengen bei einem Backrezept, du hast nicht alle Zutaten zum Kochen da und ersetzt einfach etwas durch andere Ingredienzen, bei mir in der WG hieß das übrigens «Zufallspfanne kochen». Das sind Momente (und daraus resultierende Ergebnisse), die du erst einmal negativ bewertest. Im Nachhinein allerdings erscheint einiges davon gar nicht so übel, ja vielleicht sogar besser als das, was du ursprünglich beabsichtigt hattest!

Viele Innovationen sind durch Zufälle entstanden: Penicillin, Röntgenstrahlen, die Teflon-Beschichtung, Haftnotizen, das Telefon, die Fotografie, Sekundenkleber, Nylonstrümpfe und der Klettverschluss. Und dafür gibt es eine Bezeichnung: Alle positiv zu bewertenden Entdeckungen, welche durch Zufall gemacht wurden, während man ein anderes Ziel vor Augen hatte, entstanden nach dem «Serendipity-Prinzip» *(dt. = Serendipität)*.

Der englische Musiker ***David Bowie*** textete die meisten seiner Songs nach diesem Prinzip: Er nahm sich einen Text, z. B. einen eigenen oder etwas aus einer Zeitung, zerlegte diesen in einzelne Wörter und Sätze. Anschließend baute er die Schnipsel wie bei einem Puzzle wieder neu und intuitiv zusammen. Später nutzte Bowie dafür ein Computerprogramm.

Also: Hab keine Angst vor bösen Überraschungen! Etwas Unvorhergesehenes kann dir zu Ergebnissen verhelfen, auf die du allein nicht gekommen wärst.

#SerendipityPrinzip
#Serendipität
#InnovationDurchZufall
#DavidBowie
#Songwriting
#HelenGreen
#Farbklecksmalerei
#KatrinMerle
#HuskMitNavn
#3DPapercraft

Diese Bowie-Illustration ist von ***Helen Green***.

Die Illustratorin ***Katrin Merle*** entwickelt aus zufällig gemalten, farbigen Tuscheklecksen fantastische Wesen: Sie nennt sie «Doodletierchen». Der Begriff «doodle» *(engl. = kritzeln)* beschreibt eine ziellose, selbstvergessene, unbewusste und den Zufall einbeziehende Tätigkeit.

ÜBUNG: *Wie kannst du den Zufall in deinen Schaffensprozess einbauen? Überlege dir bewusst eine Vorgehensweise und probiere es an deinem Projekt aus! Hab keine Angst vor «Fehlern»!*

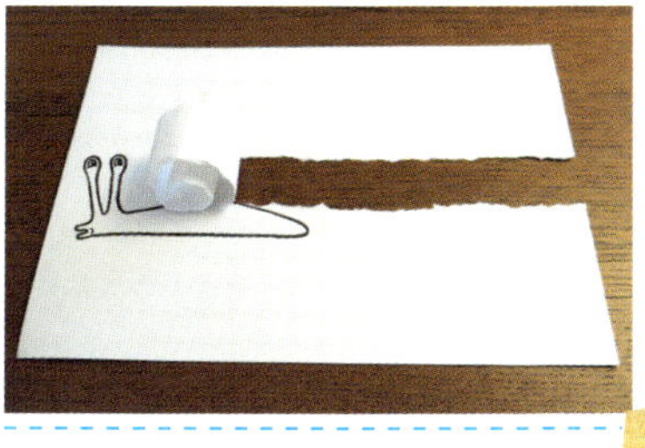

Die Bilder des dänischen Künstlers ***HuskMitNavn*** wirken wie ironische Kommentare zu jedermanns Alltagsproblemen. Auf der Basis eines DIN-A4-Blattes entsteht eine Illustration aus einer schwarzen Zeichnung, die durch Reißen oder Falten des Papiers manipuliert und inhaltlich ergänzt wird. Zusätzlich entsteht ein überraschender 3-D-Effekt.

REZEPT №19

DURCHHALTEN, WEITERMACHEN!

Die meisten Ideen und Projekte scheitern an der fehlenden Motivation, sie voranzutreiben und zu beenden. Jeder kennt das, du sicherlich auch. Manchmal ist das eigene Scheitern begründet und damit in Ordnung, aber oftmals liegt es einfach an einem zu kurzen Atem, zu viel Ablenkung, fehlenden Prioritäten, dem inneren Schweinehund oder den ewigen Selbstzweifeln, dass man nicht gut genug ist.

Ich kann aus eigener Erfahrung sagen: Kreatives Arbeiten macht viel Arbeit und ist anstrengend! Sich selbst zu motivieren, beharrlich und hartnäckig zu sein, dranzubleiben sowie fokussiert und diszipliniert weiterzumachen, ist absolut unabdingbar für das eigene kreative Schaffen und den erfolgreichen Abschluss eines Projekts, auch oder gerade wenn man keine Lust hat, zwischendurch den Mut verliert und Rückschläge oder Niederlagen hinnehmen muss. Das kann manchmal quälend sein. Daher ist es sehr wichtig, dass du dich in solchen kleinen Tiefs selbst loben und damit motivieren kannst. Auch wenn oft gesagt wird «Eigenlob stinkt», finde ich persönlich, dass es Sinn macht, sich selbst zu loben (vor allem, wenn es niemand anderes tut) und an das, was man tut, zu glauben. Denn das wirst du auch ausstrahlen (oder eben nicht).

Ein kleiner Trick, wenn du meinst, nicht mehr zu können, ist, dir zu sagen: «Ich mache jetzt noch bis … weiter (z. B. zehn Minuten, einen Tag, einen Zwischenschritt), danach habe ich mir eine Pause verdient.»

#Schweinehund
#Motivation
#Selbstmanagement
#Durchbeißen
#Beharrlichkeit
#Disziplin
#LangerAtem
#Eigenlob
#Autosuggestion
#Belohnungsprinzip

ÜBUNG: *Halte mit dem «Belohnungsprinzip» länger durch und teste diese Methode während eines Motivationstiefs mit folgener Aussage:*

«Wenn ich diese Aufgabe erledigt/diesen Punkt auf meiner Liste geschafft habe, dann …» (hier bitte deine persönliche Belohnung einsetzen).

Du wirst sehen, dass du damit (mindestens ein Stückchen oder auch viel) weiterkommst!

DER MENSCH SOLL
KEINESWEGS MEHR
SCHEINEN, ALS ER IST,
ABER SICH AUCH NICHT
WENIGER LOBEN,
ALS ER WERT IST."

JOACHIM PANTEN
(1947–2007)

REZEPT №20

UND JETZT: PAUSE!

Nachdem du fleißig warst, viel geschafft und die Zähne zusammengebissen hast, um an dein Ziel zu kommen, ist es jetzt an der Zeit, eine Pause einzulegen! Das klingt zwar erst einmal ziemlich trivial, aber viele Kreative vergessen genau das häufig. Dabei sind bewusste Auszeiten und Abstand von der Kreativarbeit unheimlich wichtig. Zum einen kannst du so den eigenen Akku wieder aufladen, zum anderen hilft dir eine Pause dabei, neu und mit einem Blick von außen auf das bisher Erreichte zu schauen. So schätzt du mit etwas Abstand objektiver als vorher ein, wo du stehst, was du verbessern kannst und wie es weitergehen könnte.

Gerade nach einer längeren und bewussten Pause bekommst du mehr neue Impulse, hast andere Sichtweisen auf das Projekt und mehr Energie, um es umzusetzen.

#Pause
#Entspannung
#Achtsamkeit
#Relax
#SportVsFaulsein
#Freizeit
#Kurzurlaub
#KopfFreiKriegen
#Aufladen

ÜBUNG: *Nimm dir eine Auszeit. Das kann eine ausgedehnte Mittagspause, ein freier Tag oder ein (Kurz-)Urlaub sein. Ganz wie du es brauchst und dir Zeit nehmen kannst. Alles, was dich entspannt, zur Ruhe kommen und auftanken lässt, ist in Ordnung! Du kannst nichts tun, spazieren gehen, ein Buch lesen, Sport machen, ein Museum besuchen, ans Meer fahren etc. Versuche, in dieser Zeit abzuschalten und dein Kreativprojekt komplett zu vergessen.*

REZEPT №21

SPARRINGSPARTNER

Bin ich hier beim Boxen? Nein, natürlich nicht. Dennnoch kannst du «Sparring» *(engl. to spar with someone = sich mit jemandem auseinandersetzen)* auch im Kreativbereich betreiben. Es ist eine gute Methode, um zukünftige Situationen zu proben oder/und deinen kreativen Output zu testen, bevor es tatsächlich «ernst» wird. Wichtig dabei ist, dass du dir einen passenden Sparringspartner auswählst. Er sollte auf einem ähnlichen Niveau agieren wie du bzw. zu deinen zukünftigen Projekt-Konsumenten passen. Mit ihm begibst du dich in eine Übungssituation, in der du alles testen kannst, bei dem du dir noch nicht sicher bist, ob es funktionieren wird bzw. ob man dein Projekt richtig versteht und deine Ideen gut nachvollziehen kann. Wahrscheinlich ist, dass du du währenddessen auf Schwachpunkte stößt, aber genau das ist ja das Ziel eines Sparrings. Dein Sparringspartner ist eine Art Spiegel, aus dem du lesen kannst, der dir zu deinem Vorhaben Feedback gibt, mit dem du alles einmal durchspielst. Er sollte zur Situation passend, neutral, unbefangen, diskret und ehrlich sein. In einem Unternehmen übernimmt so eine Rolle z. B. ein Coach, Moderator oder Mentor. Wie im Boxen ist auch ein Kreativ-Sparring eine geschützte Situation, d. h. du gehst dabei keinerlei Risiken ein. Es geht darum, nach dem Sparring Erkenntnisse und Impulse zu sammeln, die deine Idee, dein Konzept verbessern oder es in eine neue Richtung stoßen. Während des Kreativprozesses sollte das Sparring im letzten Drittel deines Projektes angedockt sein. Du kannst ggf. mehrere Sparrings planen und durchführen (bei komplexeren Projekten), z. B. nach jeder Projektphase. Kleiner Tipp: Eine Peergroup* kann auch dein Sparringspartner sein!

#Boxen
#Zweikampf
#Sparringskampf
#TrainingIstWichtig
#Übungssituation
#Testlauf
#Verbesserung
#Optimierung
#Peergroup
#JulianeWenzl
#UtagawaKuniyoshi
#Sumo

ÜBUNG: *Wer könnte bei deinem Projekt ein Sparringspartner sein?*
Teste dein Projekt gegen Ende der Schaffensphase mit einem Freund oder Kollegen. Auch eine Gruppe von Gleichgesinnten (Peergroup) ist möglich.

* Als Peergroup *(engl. peer = Gleichrangige)* bezeichnet man eine Gruppe von Menschen mit gemeinsamen Interessen, ähnlichem Alter, vergleichbarer Herkunft oder einem gleichem sozialen Status und einem wechselseitigen Verhältnis zwischen Individuum und Gruppe.

Die Illustratorin ***Juliane Wenzl*** beschäftigt sich u. a. mit dem Sujet des Boxens. Ob es sich in ihren Zeichnungen um Sparrings- oder um Wettkämpfe handelt, ist nicht bekannt.

Auch im japanischen Sumo-Ringen gibt es Sparring, wie bei den meisten Zweikampf-Sportarten. Das Bild zeigt eine Tuschezeichnung von ***Utagawa Kuniyoshi***.

REZEPT №22

INTERDISZIPLINÄR SEIN

Um deine Kreativität zu steigern, kann es hilfreich und sinnvoll sein, deine eigenen Grenzen zu überschreiten. Damit ist nicht unbedingt das Verlassen deiner eigenen Komfortzone gemeint, sondern eher das Verlassen deines Tätigkeitsfeldes und Kompetenzbereiches. Doch keine Angst, du musst in der neuen Umgebung nicht allein agieren. Dafür suchst du dir einen Experten, jemanden, der in diesem Feld zu Hause ist. Zusammen könnt ihr euch an eurem jeweiligen Fachwissen bereichern und gemeinsam ein Projekt auf die Beine stellen, was jeder für sich nicht geschafft hätte. Stell dir mal vor, welche Projekte entstehen können, wenn ein Designer und ein Architekt zusammenarbeiten, ein Musiker und ein Maler, ein Mathematiker und ein Texter oder ein Modemacher und ein Chemiker. Aufgrund dieser Interdisziplinarität entstehen völlig neue und sehr innovative Projekte.

Eine weitere Möglichkeit wäre, dass du in fachfremde Gebiete hineinschaust und beobachtest, wie dort gearbeitet wird. Wie werden Problemstellungen angegangen, mit welchen Materialien und Prozessen wird hier aus welchen Gründen gearbeitet? Kannst du etwas davon in deinen Kreativprozess transferieren, etwas, das es vorher in deiner Branche so noch nicht gab?

Das *Rezept №21* behandelte das Thema «Sparringspartner»: Stell dir das Sparringsmodell interdisziplinär vor: Dein Sparringspartner wäre Teil einer anderen Branche als du. Bei dieser Form der kollegialen Beratung ergäbe sich ebenso ein großer Kreativitätsboost für beide Seiten!

#

#Interdisziplinär
#Komfortzone
#Kompetenzbereich
#KollegialeBeratung
#ReiseführerFürTiere
#IngaMarieRamcke
#ToniaWiatrowski
#HellaJongerius
#IKEA
#Unicef
#Kooperation
#Wandteppich
#Hilfsprogramm

ÜBUNG: *Denke und handle interdisziplinär. Wie könnte das für dein Projekt aussehen? Nimm dir dafür eine nicht kreative Branche wie z. B. Informatik, Chemie oder Umwelttechnik. Sprich mit einem Experten dieser Branche und tauscht untereinander eure Erfahrungen und euer Wissen aus.*

Die Dokorandin der Biologie-Didaktik ***Inga Marie Ramcke*** sowie die Illustratorin ***Tonia Wiatrowski*** hatten als Autorenteam die Idee zum weltweit ersten «Reiseführer für Tiere». Das so entstandene Kindersachbuch begleitet 25 Tiere bei ihrer Reise um die Welt und erklärt ganz nebenbei das Verhalten von Zugtieren. Die Kompetenzen der beiden haben sich hierbei interdisziplinär ergänzt. Neben der gemeinsamen Idee zum Buch herrschte aber strikte Arbeitsteilung: Inga recherchierte und schrieb die Texte; Tonia übernahm die Buchgestaltung und Illustration.

Die niederländische Produktdesignerin ***Hella Jongerius*** entwickelte in Zusammenarbeit mit der schwedischen Möbelkette ***IKEA***® drei Wandteppiche, die in Kooperation mit der Hilfsorganisation ***Unicef*** in Indien gefertigt wurden. So unterstützten alle drei Kooperationspartner das Programm, welches indischen Frauen ermöglichte, ein kleines Nähunternehmen zu gründen und dadurch das Schulgeld für ihre Kinder zu erwirtschaften.

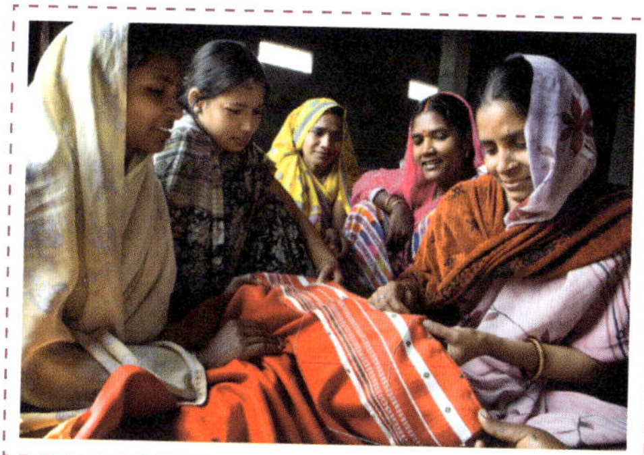

REZEPT №23

FAHRSTUHL FAHREN

Stell dir vor, du bist gedanklich gerade mitten in deinem Projekt, es läuft gut und du stehst kurz davor, es erfolgreich zu beenden. Alles, was dir noch fehlt, ist jemand, der dein neues Projekt fördert (z. B. über Veröffentlichung, durch finanzielle Unterstützung, Herstellung, Vertrieb). Stell dir weiter vor, du befindest dich in einem Fahrstuhl und plötzlich steigt genau die Person ein, die dein Projekt fördern und damit weiterbringen könnte. Du nimmst deinen ganzen Mut zusammen und sprichst diese, für dich sehr wichtige, Person an. Du hast ca. 30 Sekunden Zeit, bis du aussteigen musst. Wie stellst du dein Projekt in wenigen Kernsätzen vor? Was sind die Merkmale, was die Vorteile deines Projekts? Bist du aufgeregt? Findest du die richtigen Worte? Wie wirkst du auf dein Gegenüber? Hast du Überzeugungskraft?

Dieses Gedankenexperiment, das durchaus in deinem Berufsalltag schnell Wirklichkeit werden kann (vielleicht nicht unbedingt im Fahrstuhl, aber bei anderen Events, wie Netzwerktreffen, Kursen, Messen, Fachkonferenzen etc.), heißt «Elevator Pitch» oder auch «Elevator Statement». Es ist eine Methode, die du nutzen kannst, um Situationen dieser Art zu proben. Reale und spontan gehaltene «Sales Pitches» *(engl. = Verkaufsgespräche)* sind nicht ganz einfach zu führen, da du auf mehreren Ebenen gleichzeitig agieren können musst.

Je öfter du das «Fahrstuhlfahren» übst, desto besser und damit lockerer wirst du werden. Ein weiterer Vorteil ist: Zu formulieren und laut auszusprechen, woran du gerade arbeitest und wofür du «brennst», lässt dich selbst fokussierter auf das Ziel hin arbeiten und kann somit auch zu einer Kreativitätssteigerung bei dir führen.

#ElevatorPitch
#ElevatorStatement
#60Sekunden
#Fahrstuhlfahren
#Netzwerken
#Mutigsein

ÜBUNG: *Übe den Elevator Pitch, indem du einen Kollegen oder Freund bittest, den potenziellen Förderer zu spielen. Versuche, dich kurz zu fassen (maximal eine Minute), und achte genau auf deine Wortwahl und deinen Ausdruck. Interviewe hinterher deine Testperson, wie er dich und das Gesagte wahrgenommen hat! (War das Gesagte verständlich? Hat es positiv gewirkt? Wie war sein Gesamteindruck von dir und dem Projekt?)*

Checkliste

1. **Den richtigen Moment finden** (Gefühl für die Situation)
2. **Statement in 3 bis 5 Sätzen rüberbringen**, dabei achten auf:
   - eigene Körpersprache & Rhetorik (Wortwahl, Betonung, Pausen)
   - klare, eindeutige Sprache (verständlich, interessant)
   - Vorteile für dein Gegenüber ansprechen, betonen
   - positiver Gesamteindruck & Gelassenheit (weder aufgeregt, noch arrogant, auf Augenhöhe kommunizieren)
3. **Verabschiedung mit «Absender»**
   - eine Visitenkarte oder ein: «Ich schicke Ihnen eine kurze Nachricht.» o. Ä.

REZEPT №24

ÜBEN, ÜBEN, ÜBEN

#AlbertoGiacometti
#Selbstzweifel
#Langzeitprojekt
#Wiederholung
#WilhelmKoch
#Käsebrote
#MichelGondry
#1000Portraits

Zum folgenden Rezept gibt es einen kurzen Witz, der geht etwa so: Ein Mann sucht die Metropolitan Opera und spricht in New York einen Passanten an. «Entschuldigen Sie, wie komme ich zur MET?» «Da müssen Sie üben, üben, üben!» Dieser Witz fällt mir oft ein, wenn es um das Thema «Übung macht den Meister» geht. Sowohl in dem Witz als auch in dem Sprichwort steckt eine Menge Wahrheit. Natürlich gehört zu einer kreativen Leistung Talent, vielleicht ein bisschen Glück und Zufall, aber ohne Anstrengung und den Willen, sich stetig zu verbessern, Neues zu lernen, gepaart mit einer gehörigen Portion Hartnäckigkeit und Ausdauer, wirst du deine Kreativität nicht stetig verbessern.

Ein Beispiel für das lebenslange Ausprobieren, Wiederholen und Üben, aber auch für das (Ver-)Zweifeln am eigenen Schaffen ist der Maler und Bildhauer ***Alberto Giacometti***. Er sagte von sich: «Es stimmt, dass ich selten zufrieden bin. Darum arbeite ich ja auch weiter.» Und so zeichnete er pausenlos immer wieder dasselbe Sujet (= den Menschen). Er produzierte unendlich viel Material, die Hälfte davon zerstörte er sofort wieder, weil es ihm nicht genügte: «Wenn mir nur etwas gelingen würde beim Zeichnen oder Malen oder Modellieren, dann wäre es nicht so schlimm. Wenn mir nur ein Kopf, ein einziger Kopf gelingen würde, nur einmal.» Dennnoch oder gerade deswegen zählen die Werke von Giacometti zu den bekanntesten und bedeutendsten des 20. Jahrhunderts.

Doch so viel quälender Selbstzweifel ist keinesfalls erforderlich! Im Gegenteil, mein Tipp ist, dass du dich vielmehr durch Übungserfolge, die sich mit der Zeit einstellen werden, für dein weiteres kreatives Schaffen motivieren lässt. Wir sehen uns in der MET!

Wilhelm Koch hat ein sehr spezielles fotografisches Langzeitprojekt: Er isst täglich eine Käsestulle. Bevor er sie allerdings verspeist, wird jedes mit Käse kunstvoll belegte Brot vorab als Ritual abfotografiert. So hat Koch inzwischen tausende Fotos gesammelt und seinen Fotostil perfektioniert.

ÜBUNG: *Langzeitprojekte sind eine gute Chance, dein Können zu optimieren. Dadurch bleibst du am Ball, vertiefst deine kreative Idee und spielst sie immer und immer wieder durch. Wiederholung ist Übung!*

Such dir ein Langzeitprojekt in deiner bevorzugten Disziplin und überlege, in welchen Intervallen du daran arbeiten möchtest. Dann heißt es: durchhalten!

Der französische Filmemacher ***Michel Gondry*** rief auf seiner Webseite Fans dazu auf, ihm ein Portraitfoto zu schicken. Gegen eine Gebühr von 20 $ würde er sie zeichnen und ihnen im Anschluss das Original zuschicken. Als Ergebnis seiner Fleißarbeit entstand außerdem die Publikation «1000 Portraits».

REZEPT №25

GESCHICHTEN ERZÄHLEN

Viele Kreativbranchen basieren darauf, dass Geschichten erzählt werden: sei es eine Geschichte verpackt in ein Lied oder ein Musikvideo, in einen Film, ein Buch, ein Brett-, Rollen- oder Videospiel, eine Webseite, ein Theaterstück, einen Comic, eine Oper, einen Tanz etc. Selbst in der Werbung werden täglich Geschichten erzählt, um Produkte zu verkaufen. Denn der Mensch liebt einfach Geschichten!

Wenn du ein kreatives Projekt startest, kannst du dir vorab überlegen, welche Geschichte du damit erzählen willst. Möchtest du deiner Zielgruppe etwas Persönliches mitteilen? Was steckt hinter deinem kreativen Tatendrang? Welche Storys, Themen treiben dich an? Obwohl oder gerade weil unsere Gesellschaft immer mehr vereinsamt, gibt es eine wachsende Zahl von Vloggern und Bloggern, die Geschichten aus ihrem Alltag von zu Hause aus erzählen und dadurch viele virtuelle Follower generieren.

Jedes Medium hat seine eigenen Werkzeuge und Regeln des «Storytellings». Schau dir an, wie es andere in der jeweiligen Branche machen, und finde anschließend deinen individuellen und eigenen Weg, deine «Sprache» und deinen Stil, um Geschichten zu erzählen. Authentizität ist dabei genauso wichtig wie «das gewisse Etwas», um überhaupt im medialen Überangebot wahrgenommen zu werden. Und das gilt für jede Kreativbranche. Vor allem weil man das Gefühl hat, es wurde schon alles erzählt – wurde es wahrscheinlich auch! Aber noch nicht aus deiner (kreativen) Perspektive!

#Kreativbranchen
#Storytelling
#Tatendrang
#Vlogger
#Blogger
#Follower
#Authentizität
#DasGewisseEtwas
#DeinePerspektive
#Zufallsgeschichte
#FrankWedekind
#FrühlingsErwachen
#SpringAwakening
#DuncanSheik
#StevenSater
#Broadway
#IGSFranzschesFeld
#FranzvonStuck
#kunstanstifterverlag
#RobertaBergmann

ÜBUNG: *Schreibe eine Zufallsgeschichte! Nutze dafür die Schnipseltechnik von Seite 46. Du kannst zufällige Wörter oder Bilder (z. B. aus einer Zeitschrift) ausschneiden, neu zusammenlegen und dann daraus eine Geschichte entwickeln: Als Variante kannst du die Geschichte einmal als Drama, als Liebesgeschichte und als Mystery-Story schreiben.*

1891 schrieb ***Frank Wedekind*** die Kindertragödie «Frühlings Erwachen». Er erzählt darin vom Kampf mit dem Erwachsenwerden. So prangert Wedekind mit dieser Geschichte die Prüderie und Scheinheiligkeit der Gesellschaft an. Nicht nur damals ein Riesenskandal und lange in der Originalfassung zensiert oder gar ganz verboten, ist die Geschichte noch heute kontrovers und deshalb m. E. wichtig. So gab es etwa 2009 in der Schweiz eine Mutter, die den Lehrer ihres Kindes wegen «Weitergabe pornografischen Materials an Minderjährige» anklagte, weil er dieses Buch im Deutschunterricht behandelte. Es gehört heute zu den meist gespielten Dramen weltweit und findet sich auch im Lehrplan vieler Schulen wieder. Neben diversen Inszenierungen für das Theater gibt es außerdem eine erfolgreiche Musical-Adaption von ***Steven Sater*** (Buch und Liedtexte) und ***Duncan Sheik*** (Musik): Als «Spring Awakening» wird es seit 2006 am ***Eugene O'Neill Theater*** am Broadway gespielt. 2018 habe ich die deutsche Adaption des Musicals in der Inszenierung der ***Integrierten Gesamtschule Franzsches Feld*** in Braunschweig gesehen und als Fotografin dokumentiert.

Aber nicht nur Theatermacher sind davon inspiriert: Bereits 1891 zeichnete ***Franz von Stuck*** das Cover der Erstausgabe nach Vorgaben Wedekinds.

2014 erschien der Originaltext erstmals illustriert in einer Jubiläumsausgabe (150. Geburtstag Wedekinds) im ***kunstanstifter verlag*** – und zwar mit meinen Illustrationen!

REZEPT №26

KEIN DOGMATISMUS, BITTE!

«Jetzt sei doch nicht so verdammt dogmatisch!» Diese Aussage hast du vielleicht schon einmal in Bezug auf deine Arbeitsweise gehört. Dabei wolltest du dich nur an die vorgegebenen Spielregeln halten. Dogmatismus wird im allgemeinen Sprachgebrauch mit Engstirnigkeit verknüpft und ist negativ belegt. Die grundlegenden «Spielregeln» für dein Arbeitsfeld zu kennen, ist wichtig, ja meiner Meinung nach unabdingbar. Denn nur wenn du die Regeln kennst, kannst du dich *bewusst* über sie *hinwegsetzen*. Du brauchst nicht in jeder Situation dogmatisch an den Spielregeln festzuhalten. Ganz im Gegenteil: Manchmal macht gerade das den Reiz aus, die Regeln nicht zu beachten. Sie gezielt und bewusst zu brechen, ist eine Kreativmethode, die du für dich und deine kreative Arbeit nutzen kannst, z. B. um dein laterales und divergentes Denken und Handeln anzuregen *(siehe Seite 11)*.

Viele Pioniere, Wegbereiter und Kreative handeln nach dem Prinzip: So viele Richtlinien, Basiswissen, «How-to-dos» und Grundsätze wie nötig (das hat auch was mit Erfahrung und Professionalität zu tun), aber auch so wenig wie möglich, um sich nicht allzu sehr davon einzuschränken und dem kreativen Handeln weiterhin freie(re)n Lauf zu lassen. Kreative Karrieren und Erfolge entstehen selten am Reißbrett, sind also nicht Teil eines größeren Plans, der gewissen Spielregeln folgen muss, damit er aufgeht (wie evtl. in anderen Berufszweigen). Daher mein Tipp: Habe den Mut, die Regeln zu brechen, wenn es dir für dein kreatives Schaffen sinnvoll erscheint.

#Spielregeln
#Dogma
#LateralesDenken
#DivergentesDenken
#Wegbereiter
#Mut
#RegelnBrechen
#Authentizität
#MontyPython
#Comedy
#DieVierteWand
#FrankZappa
#Virtuos

ÜBUNG: *Du arbeitest gerade an deinem Projekt … (siehe z. B. Übung Seite 31). Überlege, wie du die vorgegebenen Regeln (vom Auftraggeber; von dir selbst aufgestellt etc.) brechen oder, wenn das nicht möglich ist, zumindest weiter gefasst interpretieren kannst. Was ändert sich dadurch in deinem Denken und Handeln?*

Bildhafter Vergleich: Wenn du ein bestimmtes Gericht immer nach Rezept kochst – was passiert, wenn du es stattdessen einmal improvisierst oder frei interpretierst?

Als ausgewiesener Regelbrecher und damit formal und inhaltlich wegweisend bekannt geworden, ist die britische Comedytruppe ***Monty Python***. Die sechs Komiker waren die ersten, die bei ihren absurden, skurrilen Sketchen auf eine Pointe verzichteten, was das Publikum anfangs sehr irritierte, für die Gruppe aber zum stilbildenden Markenzeichen wurde.
Ihnen gelang es durch eine unkonventionelle Erzählweise, den Einsatz von Brüchen und durch die Verwendung von aufwendigen, gezeichneten Trickfilmsequenzen das Genre «Comedy» zu revolutionieren. Aufgrund ihrer Spielweise durchbrachen sie oftmals «die vierte Wand» *(= imaginäre Wand einer Theaterbühne, die zum Publikum hin offene Seite, die nicht gespielt und überschritten wird)*, indem sie mit den Zuschauern direkt kommunizierten.

Der amerikanische Musiker und Komponist ***Frank Zappa*** hat mit seinen über 100 Musikalben die Musikwelt maßgeblich geprägt. Er zählt heute als Stilikone der Rockmusik. Sein Text- und Kompositionsstil hielt sich nicht an die üblichen Regeln des Rock 'n' Roll, sondern ging weit darüber hinaus. Zappa experimentierte in seiner Musik, war ausschweifend, dabei oftmals gesellschaftskritisch, humorvoll, mit dadaistisch-absurden Anleihen, offen für viele Genres. Die diversen Einflüsse mischte er wild in einer Art Collagenstil. Es entstanden auch zahlreiche orchestrale Werke und Filmmusik. Frank Zappa galt außerdem als ein virtuoser E-Gitarrist, u. a. weil er sein Instrument anders als alle anderen zu spielen pflegte. Bei ihm konnte ein Solo schon einmal zehn Minuten dauern (das ist fünf bis zehn Mal länger als Gitarren-Soli üblicherweise dauern) und dabei spielte er, als einer von wenigen, alle Lagen des Griffbretts.

REZEPT №27

EXPERIMENTIERE

Der Philosoph ***Friedrich Wilhelm Nietzsche*** sagte: «In Wahrheit heißt etwas wollen, ein Experiment machen, um zu erfahren, was wir können.» Ich glaube, es gibt nichts Befreienderes als einfach mal zu experimentieren, ohne ein bestimmtes Ziel vor Augen zu haben. Denn der Weg sollte beim Experimentieren das Ziel sein. Es gilt herauszufinden, was du kannst und was dir liegt (oder nicht), was du neu entdeckst und was zu einer Innovation in deiner Arbeit führen kann. Ein Experiment soll dir neue Impulse geben, dir etwas Neues offenbaren, auf das du in der Theorie oder bei deinem üblichen Vorgehen nie gekommen wärest. Klar ist Experimentieren auch immer ein «Try and Error»-Prinzip, das Risiko zu scheitern ist nicht klein. Aber die Chancen sind auch größer, dass du auf etwas Neues und Überraschendes triffst und deine Kreativität steigerst, weil du noch unbekannte Wege beschreitest. Auch sind Fehler nichts Schlechtes, sie können dir vielmehr helfen, deinen Weg zu optimieren, dein Vorgehen zu verbessern. Hab keine Angst, etwas falsch zu machen! Ich beruhige mich oft damit, dass jeder Fehler macht und dass das nunmal zum Menschsein und zum Lernen dazugehört. Es macht dich stärker und bringt dich voran. Aus meiner Erfahrung weiß ich, dass Experimente fast immer ein Ergebnis produzieren, das mich persönlich weiterbringt. Daher finde ich es wichtig, sich ab und zu bewusst ins Unbekannte zu stürzen und Dinge auszuprobieren, die man noch nie gemacht hat, bei denen man auch nicht genau weiß, wie und ob sie funktionieren. Aber man ist neugierig genug, genau das herauszufinden. Das Ergebnis des Experiments ist oftmals ganz anders als erwartet, – nicht unbedingt schlechter, sondern einfach nur überraschender.

#DerWegIstDasZiel
#NeueImpulse
#TryAndError
#TetraPakRadierung
#Radierung
#Upcycling
#DIYMusikinstrumente
#Smarticular

ÜBUNG: *Nimm dir deinen Müll vor: Was findest du darin, was man noch kreativ für deine Projekte wiederverwenden und upcyceln kann? Experimentiere mit diesen ungewöhnlichen Materialien! (z. B. Musikinstrumente, Stempel/Drucktechniken, Dekoobjekte, Blumentöpfe, -vasen, Mobiles, Nähen, Bilder/Collagen, Schnipseltechnik, Geschenkpapier, Restekochen)*

Ich besuchte einen Druckgrafik-Workshop. Dort wurden anstelle der üblichen Radierplatten aus Metall (z. B. Stahl, Zink) aufgeschnittene Tetra-Pak®-Milch- oder Saftpackungen verwendet. Die so entstandenen Radierungen wurden anschließend mit schwarzer Druckerfarbe eingerieben und abgedruckt.

Wie man aus normalen Haushaltsgegenständen funktionstüchtige Musikinstrumente bauen kann, zeigt der Blog ***smarticular.net***. Aus Kronkorken werden z. B. eine Kastagnette und ein Tamburin, aus einem Blumentopf und etwas Backpapier wird eine Trommel und aus Gartenschlauch, Trichter, Weinkorken und Strohhalm wird mit etwas Klebeband eine Trompete.

REZEPT №28

HORIZONTERWEITERUNG

Deine Kreativität nährt sich aus deinen Erfahrungen und deinem Wissen über alles Mögliche. Deinen Wissensdurst zu löschen, auf Entdeckungsreise zu gehen, jeden Tag etwas Neues zu lernen, bildet deine kreative Persönlichkeit und lässt sie wachsen.

Der Mensch strebt nach Sicherheit und Beständigkeit, doch das steht dem kreativen Tatendrang und der Innovation im Allgemeinen eher im Weg. Denn Veränderung ist ein Katalysator für Kreativität. Sie ist notwendig, um jeden Tag aufs Neue und immer wieder aus anderer Perspektive kreativ sein zu können. Alles was du brauchst, ist also ein bisschen Risikobereitschaft, Neugier und du solltest keine Angst haben, deine Komfortzone zu verlassen. Wenn du für all das bereit bist, kannst du neue Dinge kennenlernen und dir zu eigen machen.

Mein Tipp: Versuche so oft es dir möglich ist, deinen Horizont zu erweitern! Belege einen Kurs an der Volkshochschule oder mache ein Online-Tutorial. Gehe auf Reisen (sei es Urlaub oder eine Bildungsreise), arbeite mal an einem anderen Ort, schaue dir viele Sachen an (Bücher, Filme, Theater, Konferenzen, Festivals, Ausstellungen, Musikveranstaltungen). Durchbrich deinen (Arbeits-)Alltag, die tägliche Routine (mache es anders als normalerweise, mache es abwechslungsreicher). Schaffe dir einen inspirierenden Freizeitausgleich, etwas, das dir deine kreative Energie zurückbringt. Lerne neue Leute kennen, triff dich mit Gleichgesinnten, tauscht euch untereinander aus – Netzwerken ist immer gut, um dir Feedback, Kritik und Bestätigung zu holen. Schau, wie es andere machen (und lerne daraus).

#Wissensdurst
#Entdeckungsreise
#Tatendrang
#Innovation
#Veränderung
#Risikobereitschaft
#Neugier
#Komfortzone
#Reiselust
#Ortswechsel
#Buchbindekurs
#MarieDann
#IslandExperience

«Wir rennen dagegen an, spüren sie und bewegen uns in der Zeit. Hier nimmt sich jemand Zeit. Ein Jahr. Ein Fahrrad. Und ein bisschen Mut. Und fährt los. Der jemand bin ich.» Mit diesen Worten beschreibt die Designerin und Künstlerin ***Marie Dann*** ihr Projekt: Ein Jahr Island war der Plan, den Horizont mit anderen Augen sehen, ihn «erweitern». Finanziert hat sie dieses freie Projekt durch eine Crowdfunding-Aktion über die Plattform ***Startnext*** und dem Versprechen an alle Unterstützer, dass es als Projektergebnis unter anderem ein von Hand gebundenes Buch in limitierter Auflage geben wird. Als Marie dann wieder zurück in Deutschland war, hat sie sich an die Arbeit gemacht, ein über 400-seitiges Fototagebuch ihrer Reise gestaltet und herausgebracht.

Ich gebe Buchbindekurse für Erwachsene. Es fällt mir jedes Mal auf, wie wenig sich die Teilnehmer am Anfang des Kurses zutrauen, aber wie neugierig sie dennoch sind. Am Ende des Kurses sind alle sehr stolz auf ihre kleinen Buchobjekte und können gar nicht fassen, dass sie das selbst gemacht haben.

ÜBUNG: *Frage dich selbst: Was möchte ich noch (im Leben, in der beruflichen Tätigkeit) lernen, was ich bisher nicht probiert bzw. auf später verschoben habe?*
Nimm dir vor, es zu lernen, melde dich z. B. bei einem Kurs an, und ziehe es dann einfach durch! Nimm dir bewusst die Zeit dafür und schau, was passiert.

REZEPT № 29

IMPROVISIERE

Zu improvisieren heißt, «etwas absichtlich frei und spontan zu tun». Und: Improvisation kannst du üben! Am Anfang kann es sich komisch anfühlen, vielleicht bist du unsicher, etwas ängstlich oder verkrampft. Aber wenn du dich traust, ein bisschen Mut hast, einfach mal machst, am besten ohne groß den Kopf anzuschalten, dann kann dir das Improvisieren in vielen Lebenslagen weiterhelfen. Improvisieren ist die Fähigkeit loszulassen, sich spontan auf eine Situation einzustellen und sie nicht zu kontrollieren, sich vom Moment treiben zu lassen und sich auf keinen Fall zu stoppen (obwohl man nicht weiß, was passiert), sondern im «Flow» zu bleiben, darauf zu vertrauen, dass es weitergeht und sich etwas Fruchtbares aus der Spontaneität heraus entwickelt.

Improvisation kann es in allen Lebensbereichen geben, egal ob im privaten Alltag oder im Beruf. Wenn Kreativschaffende improvisieren, gehen sie meist ganz bewusst, aber auch unbewusst auf Entdeckungsreise. Und daraus entstehen sogar eigene künstlerische Sparten, z. B. kennt man in der Musik allgemein die «Jam-Session», bei der alle beteiligten Musiker gemeinsam improvisieren; im Jazz heißt das konkret «Free Jazz»; im Schauspiel gibt es die Unterform des «Improvisationstheaters». Werden spontan Texte rezitiert oder gerappt, nennt man das «Freestyle»; im modernen Tanz gibt es die «Contact Improvisation», bei der ohne Intention (und Choreografie) achtsam getanzt wird, um alle Bewegungsmöglichkeiten des Körpers zu erkunden.

Alle genannten Beispiele nutzen die Improvisation, um eigenständige und freie Werke zu entwickeln. Werke, die es vielleicht so nur einmal zu sehen bzw. zu hören gibt.

#

#Stegreif
#Freejazz
#IntuitiveMusik
#Jamsession
#Improtheater
#Freestyle
#ContactImprovisation
#JetztUndHier
#Podcast
#ComedyImpro
#GuteArbeitOriginals

ÜBUNG: *Erledige eine kreative Aufgabe (aus deinem bevorzugten Bereich), indem du einfach mal machst. Für die Lösung der Aufgabe ist es verboten zu planen, nach einem üblichen Muster/Rezept vorzugehen, die Lösung bzw. das genaue Ziel vorab zu kennen.*
Wenn du nicht weiterkommst, improvisiere! Lass dich nicht verunsichern, mach einfach immer weiter!

Bei der freien Improvisationstheatergruppe ***Jetzt und Hier*** wird das Publikum in die schauspielerische Darbietung mit einbezogen. Über Zuschauerzurufe werden verschiedene Begriffe vorgegeben, die anschließend in das spontane Spiel mit eingebaut werden, sehr zur Freude des Publikums. Den Spielern stehen so gut wie keine Requisiten oder Kostüme zur Verfügung. Das Schauspiel der Akteure wird mit spontaner Musik begleitet und ist an jedem Abend ein einzigartiges Erlebnis.

Der hörenswerte Improvisations-Podcast «GUTE ARBEIT Impro» der Comedy-Gruppe ***GUTE ARBEIT ORIGINALS*** läuft pro Audiofolge etwa 20–30 Minuten und wird von den beteiligten Akteuren komplett improvisiert eingesprochen. Auf Basis von drei vorgegebenen Begriffen entstehen so dialogisch verschiedene Sketche und komische Szenen.

REZEPT №30

KEEP IT SIMPLE!

Bestimmt kennst du den Ausspruch «Die einfachsten Ideen sind meistens die besten!» Dennoch sind die einfachsten Ideen auch leider oft die schwierigsten! Denn Einfachheit ist gar nicht so leicht. Es erfordert Mut, Dinge wegzulassen (und zu verwerfen), zu reduzieren, Ideen zu präzisieren, klar zu kommunizieren und noch dazu inhaltlich «genial» zu sein. Dieser Gedanke setzt mich oftmals unter Druck. Dann sage ich mir aber «Keine Panik! Ich muss jetzt nicht auf Kommando genial sein!» Vielmehr überlege ich, wie meine Idee auf das Wesentliche heruntergebrochen und konzentriert werden kann, um sie bestmöglich zu kommunizieren.

Nach dieser Methode der Reduktion und Einfachheit funktioniert das Schreiben von Haikus, Headlines, Kurznachrichten oder der Mikrobloggingdienst ***Twitter***. Hier darf jeder Tweet (Nachricht) maximal 280 Unicode-Zeichen lang sein.

Die Methode kannst du problemlos auf deine persönliche, kreative Sparte bzw. dein Projekt übertragen: Du kannst mit wenigen Zutaten lecker kochen. Tolle Bilder kannst du unter Verwendung von nur *einer* Technik entstehen lassen (z. B. Fotografie, Druckgrafik, Malerei, Zeichnung, Film). Deine Musik kann mit nur *einem* Musikinstrument oder *einer* Melodie sehr gut klingen. Ein Kleidungsstück muss nicht aus einem komplizierten Schnitt mit vielen Einzelteilen bestehen, denke z. B. an einfache Lösungen, wie einen kurzen Rock oder einen Poncho. Oder beim Entwerfen von Schmuck: Eine Kette oder ein Ring muss nicht immer prunkvoll sein (und damit ggf. von seiner Wirkung überladen), durch die Reduktion auf wenige Formen und Materialien kannst du Minimalismus und eine hochwertige, klare Ästhetik vermitteln.

#EinfacheIdeen
#Reduktion
#Präzision
#Twitter
#Kochen
#Fotografie
#Druckgrafik
#Malerei
#Zeichnung
#Nähen
#Schmuckdesign
#Minimalismus
#Ästhetik
#TinkeringSchool
#DavidShrigley

Die amerikanische Initiative ***tinkeringschool*** *(engl. tinkering = Basteleien)* bietet für Kinder und Jugendliche Workshops und Sommer-Camps an, in denen sie in Eigenregie zu verschiedenen Themen funktionsfähige Produkte bauen können. Die Teilnehmer bekommen eine Einführung in alle Werkstätten und Werkzeuge und verwenden diese unter Anleitung von Erwachsenen anschließend selbst! So entstehen Seifenkisten, Baumhäuser und Boote aus den einfachsten Materialien (z. B. Holz, Abfälle, Schrauben, kaputte Alltagsgegenstände).

ÜBUNG: *Versuche, eine deiner Ideen unter dem «Keep it simple»-Aspekt zu vereinfachen! Kürze, reduziere und komprimiere so radikal wie es dir möglich ist. Gehe dabei über deine Grenzen. Was brauchst du wirklich an Technik und Material? Worauf kannst du verzichten? Welche Inhalte kannst du ersatzlos streichen? Überprüfe anschließend, ob die Reduzierung deine Idee verbessert hat oder nicht.*

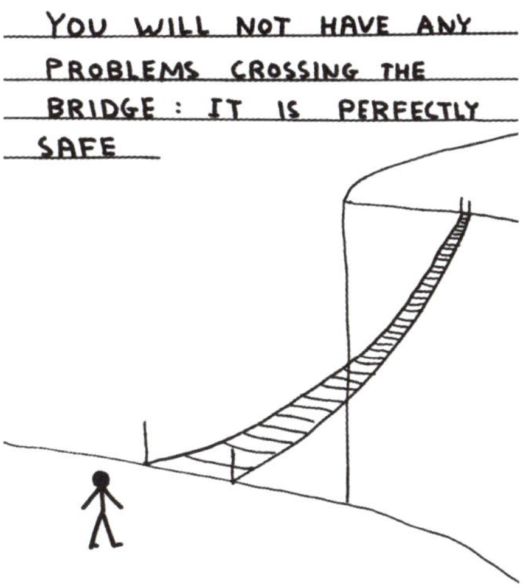

Der britische Künstler ***David Shrigley*** ist vor allem berühmt durch seine schwarz-weißen Cartoons, die inzwischen viele Bücher füllen und gern publiziert werden. Ihm wird oft vorgeworfen, er könne gar nicht zeichnen, da sich sein Zeichenstil durch einen einfachen und unsicheren, nicht naturalistischen Strich auszeichnet. In den oft beigefügten Texten lässt er gern mal Schreibfehler oder Durchstreichungen stehen, sie sind Teil der inhaltlichen und schwarzhumorigen Komik. Shrigleys Cartoons haben eine bewusst unfertige Wirkung auf den Betrachter. Sie sind in ihrer Bildwirkung sehr klar, reduziert und auf der sprachlichen Ebene sehr präzise, den Kern treffend.

REZEPT №31

INTUITION ODER: DIE ERSTE IDEE

Wenn du noch einmal zurück zu *Rezept №3 (siehe Seite 34f.)* blätterst, wo es um Ideenfindung (ein Thema finden) ging, so möchte ich dich jetzt an diese Anfangssituation und die Möglichkeit einer Katharsis *(griech. kátharsis = Reinigung, im Sinne von spontanem Aus-sich-heraus-Schöpfen)* erinnern: Was war deine erste Idee, die dir beim Nachdenken durch den Kopf geschossen ist?

Mit *Rezept №31* appelliere ich an deine Intuition: Vertraue und glaube an deine allerersten Ideen! Aus meiner Erfahrung kann ich sagen: Die ersten Ideen nehmen einen hohen Stellenwert ein. Immer wieder komme ich intuitiv und meist unbewusst auf meine Anfangsideen zurück.

In meiner Lehre gebe ich u. a. gern Aufgaben, die binnen eines kurzen Zeitraums zu bearbeiten sind. So bleibt den Teilnehmern nicht allzu viel Zeit zum Planen oder Nachdenken. Eine dieser Übungen, die ich gemeinsam mit einer Kollegin entwickelt habe, ist die Visualisierung von Begriffen nur mit Hilfe einer gewissen Anzahl an unterschiedlich langen Holzstäben sowie einem Topf Leim. Innerhalb einer Stunde entsteht so ein dreidimensionales Objekt aus Holz.

Die Designerin ***Nina Sieverding*** entwickelte in einer Stegreif-Typografie-Übung während ihres Grundstudiums die Schrift «ding siever». Der Schriftname ergab sich als Anspielung auf ihren Nachnamen und die bereits existierenden ***Ding***-Schriften. Ninas erste Idee war es, eine Schrift aus einem modularen Punktesystem zu entwickeln. Sie probierte es schließlich einfach aus, indem sie mit schwarzen, wieder ablösbaren Klebepunkten probeweise Wände und Fußböden beklebte. So konnte sie einfach und schnell die Schriftwirkung aus der Entfernung testen.

#Intuition
#Erfahrung
#Katharsis
#Gestaltungslehre
#NinaSieverding

ÜBUNG: *Nimm dir einen Vormittag Zeit und übe dich in Kartharsis, dem spontanen Aus-sich-heraus-Schöpfen. Erwarte nichts, spiele einfach mit Materialien und Werkzeugen herum. Beobachte dabei deine Gedanken und Ideen, notiere dir ggf. deine ersten Ideen, ohne sie zu bewerten oder zu kritisieren.*
Schaue dir das Notierte an einem anderen Tag erneut an und versuche, aus diesen Ideen etwas Konkretes weiterzuentwickeln.

REZEPT №32

SELEKTIVE WAHRNEHMUNG

«Das Gehirn filtert und zeigt uns die Welt, wie sie gerade zu uns passt.» Wenn du dich länger mit einem Thema beschäftigst, verändert sich deine Wahrnehmung auf die Dinge, die dich umgeben und die dir täglich begegnen. Dieses psychologische Phänomen, auch als «selektive Wahrnehmung» bezeichnet, entsteht, weil dein Gehirn ständig auf der Suche nach Verbindungen und Mustern ist. Dabei werden manche Aspekte deiner Umwelt auf Basis deines Themas gefiltert, geschärft und hervorgehoben. Sie stechen dir ins Auge. Auch das Gegenteil ist der Fall: Bestimmte Aspekte werden ausgeblendet und treten scheinbar in den Hintergrund. Du bist permanent im Alltag einer Fülle von Reizen ausgeliefert. Durch selektive Wahrnehmung hast du die Möglichkeit, diese Reizüberflutung zu kanalisieren, dich auf gewisse Reize und Eindrücke zu fokussieren. Aber Vorsicht: Selektive Wahrnehmung kann auch verführen, wichtige Informationen zu übersehen! Einige Wissenschaftler nennen dies deshalb auch einen schwerwiegenden Defekt oder eine Aufmerksamkeitsblindheit des Gehirns. Ich persönlich glaube, dass selektive Wahrnehmung eher einen positiven Einfluss auf dein kreatives Arbeiten hat! Denn dadurch kannst du weitere, relevante Eindrücke sammeln, archivieren und später so aus einem viel größeren Pool von Informationen schöpfen und diese für deine kreative Arbeit verwenden. Was musst du tun, um selektiv wahrzunehmen? Nichts! Denn das passiert sowieso automatisch. Als Tipp: Bleib offen, vorurteilsfrei, kritisch und wachsam.

#SelektiveWahrnehmung
#Psychologie
#Gehirnforschung
#Unterbewusstsein
#Reizüberflutung
#Achtsamkeit
#Recherchephase
#Pareidolie
#FabianNilius

ÜBUNG: *Überprüfe anhand eines Sujets, das dich interessiert bzw. an dem du gerade arbeitest, deine selektive Wahrnehmung: Schaue dir (dein Thema im Hinterkopf) etwas an, das absolut* ***nichts*** *mit deinem Thema zu tun hat. Das kann ein Buch, eine Zeitschrift, die sozialen Medien, eine Webseite, ein Film, Musik oder etwas Ähnliches sein (alles, was dir Input gibt). Findest du dennoch Informationen, die sich auf dein Sujet beziehen, die sich mit deinem Thema verknüpfen lassen? Kannst du davon etwas für dein kreatives Schaffen nutzen?*

Vielleicht kennst du das: Du betrachtest längere Zeit einen Gegenstand und plötzlich entdeckst du in dessen Formen ein Gesicht oder du nimmst den Gegenstand selbst dadurch plötzlich als ein vermeintlich lebendiges Wesen wahr.
Dieses visuelle Phänomen nennt man auch «Pareidolie» *(altgriech. para = daneben, eídolon = Form, Erscheinung)*.
Die abgebildeten Charaktere hat der Hamburger Fotograf ***Fabian Nilius*** porträtiert.

«Wusstest du, dass das das Gehirn unnötige Informationen automatisch ignoriert? Genau wie das zweite «das» im ersten Satz.»

REZEPT №33

IDEEN VISUALISIEREN

Deine Ideen theoretisch zu durchdenken, ist das eine, sie praktisch umzusetzen und zu visualisieren, ist etwas völlig anderes (und der nächste Schritt). Der Prozess des visuellen Denkens, beispielsweise des Skizzierens, ist wesentlich komplexer und konkreter. Ob eine Idee wirklich etwas taugt, das erfährst du erst dann wirklich, wenn du versuchst, sie für dich und andere zu visualisieren und damit auszuformulieren.

Deine kreative Idee sichtbar zu machen, wird nicht nur dir selbst helfen, Klarheit zu gewinnen, was du damit erreichen möchtest. Auch andere werden sie (und dich) dadurch besser verstehen. Als Beispiel: Wenn man nur über eine Idee redet, dann hat jeder ein anderes Bild vor dem geistigen Auge.

Wenn du etwas skizzierst, denkst du mit dem Stift auf Papier. Wenn du spontan etwas kochst, denkst du mit den Zutaten, Gewürzen und Küchengerätschaften, die dir in diesem Moment zur Verfügung stehen. Wenn du ein Möbel entwirfst, denkst du mit den vorhandenen Materialien und Werkzeugen, welche du verwendest. Egal woran du kreativ arbeitest, wenn es zum ersten Mal aus deinem Kopf in die Wirklichkeit übertragen wird, bekommt die Idee eine andere Qualität.

Gerade deswegen ist es wichtig, dass du versuchst, alle dir wichtigen Ideen schnellstmöglich visuell zu denken. Finde deine eigene visuelle Sprache, probiere dich darin aus, und sieh es als eine Möglichkeit, deine Idee zu prüfen, weiterzuentwickeln und damit zu verbessern.

#

#VisuellesDenken
#Skizzieren
#VisuelleSprache
#123Ideas
#IdeasAndThoughts
#HelmutSmits
#Humorvoll

ÜBUNG: *Übertrage eine deiner Ideen (die bisher nur in deinem Kopf existiert) in die visuelle Wirklichkeit: Nutze dafür z. B. ein Storyboard, eine Mindmap, ein Visionboard, ein Moodboard, eine Infografik, eine Illustration oder mach eine Skizze. Zeige das Ergebnis anschließend einem Gegenüber und besprecht das Visualisierte.*

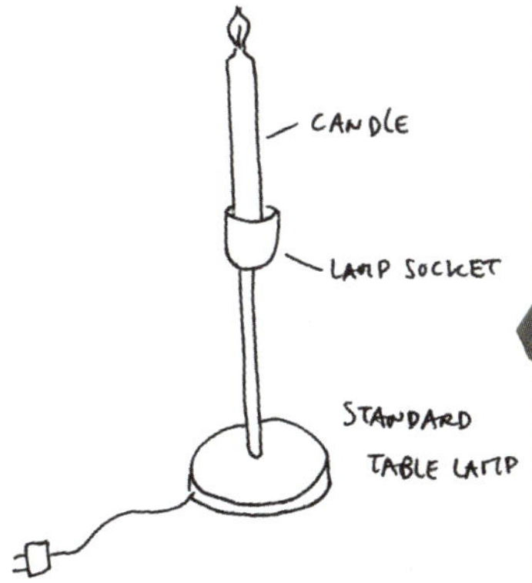

Der Niederländer ***Helmut Smits*** produziert als internationaler Bildender Künstler unaufhörlich neue künstlerische Ideen, die er durch kleine Schwarz-Weiß-Skizzen vorab visualisiert. Einige dieser Ideenskizzen publizierte er in zwei kleinen Büchern («123 Ideas», «Ideas and Thoughts»). Seine Arbeiten wirken auf den Betrachter oft wie humorvolle, konzeptionelle Kommentare seiner persönlichen Sicht auf unsere heutige (Konsum-)Gesellschaft.

«Iron Pattern»: Wenn man das Missgeschick beim Bügeln zur Absicht erklärt. «Bookend»: Wenn man keine Buchstützen hat, die Bücher aber dennnoch nicht umfallen sollen, nimmt man eins der Bücher aus dem Regal, stellt das Bücherregal auf das Buch und braucht für die restlichen Bücher keine Buchstützen mehr!

REZEPT №34

VORBILDER & LEITFIGUREN

Ein «Role Model» *(engl. = Vorbild)* kann dich inspirieren, dein kreatives Potenzial voll auszuschöpfen. Der amerikanische Soziologe ***Robert K. Merton*** definiert «Role Models» als Menschen, deren Lebensläufe anderen als Beispiel dient und die als Leitfigur gesehen werden. Das können Personen aus dem eigenen, sozialen Umfeld sein, wie beispielsweise ein Lehrer, Eltern, Geschwister, Freunde, Sporttrainer, Gleichaltrige, Kollegen oder politisch, sozial, kreativ, kulturell engagierte Menschen. Es müssen keinesfalls berühmte Persönlichkeiten oder perfekt wirkende Vorbilder sein (niemand ist perfekt)!

Vorbilder zu haben, kann dich kreativ anspornen! Du kannst dein Vorbild nutzen, um dich zu motivieren, deine Ziele konsequenter zu erreichen! Es geht aber nicht darum, die Kopie deines Vorbildes zu werden. Du bist du, du hast deine eigenen Qualitäten und Stärken, du bist vielleicht sogar wiederum für jemand anderen ein Vorbild! Dein Held ist vielleicht auch gar keine real existierende Person, sondern eher eine (idealisierte) Variante von dir selbst, ein Traum- und Wunschbild oder eine zukünftige Version deiner Selbst?

#RoleModel
#RobertKMerton
#Wegbegleiter
#Förderer
#Vorbilder
#Leitfiguren
#OttoErnst
#Fragebogen

Ein kleiner Ratschlag des deutschen Schriftstellers ***Otto Ernst***, die «Vorbilder und Leitfiguren»-Methode nicht als Allheilmittel zu betrachten:

Vorbildern nachstreben ist gut; aber nur das selbst gefundene Ideal verleiht unseren Handlungen einen lebendigen Nerv.

Otto Ernst

ÜBUNG: *Wenn du Lust hast, die «Vorbilder und Leitfiguren»-Methode für dich zu nutzen, um deine Kreativität zu steigern, dann frage dich in einem ruhigen Moment:*

1) Wer sind die Helden deiner Kindheit?

2) Wer sind deine Vorbilder bei dem, was du beruflich bzw. kreativ machst?

3) Aus welchen Gründen bewunderst du diese Person(en)? Was macht sie in deinen Augen anders als dich – und ist das wirklich so (objektiv betrachtet, ohne deine Fanbrille)?

4) Worin liegen die Unterschiede zwischen dir und deiner Leitfigur genau? Hast du darauf einen Einfluss, d. h. kannst du dich deinem Vorbild annähern? Wenn ja, wie?

5) Wo liegt dein eigenes Potenzial? Wie kannst du es steigern und endlich voll ausschöpfen (mit Blick auf dein zukünftiges Ich)?

REZEPT №35

FORSCHER- & ERFINDER-GEIST

Ein Forscher befindet sich in einem permanenten Lernprozess und in einer systematisch geplanten Experimentierphase, in welcher er Antworten auf seine Fragen sucht. Er versucht, etwas herauszufinden, was vor ihm noch keiner entdeckt hat! Der Erfinder schöpft aus sich selbst heraus und denkt sich Sachen aus, die neu und seiner Meinung nach notwendig sind, das soziale Leben verbessern oder in irgendeiner Form bereichern.

Diesen inneren Antrieb, den die Forscher und Erfinder spüren, den kann sich auch der Kreativschaffende aneignen. Kreativen Menschen entspricht dieses Verhalten im allgemeinen auch: Sie sind lern- und wissbegierig, sie experimentieren oft bei dem, was sie tun, sie suchen Antworten (weil es ein Problem oder eine Frage zu lösen gibt), sie schöpfen aus sich selbst heraus und entwickeln dabei neue Werke, die es so vorher noch nicht gab und die das Leben der Empfänger (Musikfans, Leseratten, Kunstfreunde, Tanzliebhaber etc.) verbessern, wenn nicht sogar im besten Fall verändern können.

Mein Tipp: Sieh dich manchmal mit dem was du tust, (noch) mehr als Forscher und Erfinder! Denn du leistest auf deinem Gebiet vielleicht Pionierarbeit. Damit bist du übrigens auch ein Experte! Der Weg ist bei kreativer Arbeit oftmals genauso wichtig wie das Ziel und es ist nicht immer einfach, neue Wege zu gehen. Du musst gegen vorherrschende Meinungen ankämpfen und die Empfänger deines kreativen Outputs vielleicht auch erst einmal von dir bzw. deiner Idee überzeugen.

#

#Lernen
#Forschen
#Erfinden
#InnererAntrieb
#Kreativexperte
#Überzeugungsarbeit
#LionelPalm
#Gerald Dissen
#RoomInABox
#SebastianThies
#Nat2

ÜBUNG: *Überleg dir, wie du auf deinem kreativen Gebiet innovativ und mit Erfindergeist etwas entwerfen kannst, das es vorher noch nicht gab und das soziale Leben verbessert oder bereichert. Du kannst auch eine bereits bestehende Sache aufgreifen und dir überlegen, wie sich diese verbessern lässt.*

Die meisten Möbel sind schwer und unbeweglich. Das wollten die beiden Geschäftsführer von ***ROOM IN A BOX***, ***Gerald Dissen*** und ***Lionel Palm***, ändern! Sie entwickelten mit Erfindergeist diverse Pappmöbel, die leicht in wenigen Minuten auf- und abgebaut sind. Und braucht man sie mal nicht, kann man sie platzsparend falten und zur Seite räumen! Hergestellt in Deutschland, verursachen diese Möbel aus nachhaltiger Wellpappe einerseits wenig Emissionen, andererseits sind sie sehr langlebig. Ein Pappbett ist kein Provisorium, sondern eine vollwertige Alternative zu einem herkömmlichen Metall- oder Holzbett. Und Pappmöbel fühlen sich nicht nur angenehm an, sie sehen auch ziemlich toll aus, wirken regulierend auf das Raumklima und sind noch dazu erschwinglich.

Der Betriebswirt ***Sebastian Thies*** erfindet und produziert mit seinem 2007 gegründeten Label ***«nat-2»*** ungewöhnliche Sneakers: Das Label experimentiert mit unterschiedlichsten Materialien, die z. T. bisher keine gängige Anwendung in der Schuhproduktion fanden. Darunter z. B. geflochtenes Aluminium, lackierter Kork mit diversen Farbverläufen oder auch 3-D-Optiken und Werkstoffe, die durch Temperatur ihre Farbe ändern. Mit seinem Vater zusammen entwickelte er zudem wandelbare Schuhe, die sich in wenigen Sekunden vom Turnschuh zur Sandale, von der Sandale zum knöchelhohen Sneaker oder zum Stiefel transformieren lassen. So bekommt man als Kunde, je nach Modell, einen 2-in-1- oder 4-in-1-Schuh, den man zudem noch innerhalb dieser Serie durch verschiedenfarbige Modelle neu kombinieren kann.

REZEPT №36

HUMOR

Humor zu haben und zu verstehen, verlangt eine gewissene Offenheit gegenüber dem Leben. (Wer «zum Lachen in den Keller geht», ist dem Leben nicht gerade offen zugewandt.)

In deiner eigenen kreativen Arbeit witzig zu sein – sofern es die Thematik zulässt – (z. B. durch den Einsatz von Ironie, Satire, einem Hintersinn, einem Augenzwinkern), erfordert von dir einen intelligenten Umgang mit dem Sujet und die Fähigkeit zum Querdenken. Denn es geht z. B. bei einem Witz oder einer Pointe darum, etwas abstrahieren und auf den Punkt bringen zu können.

Humor ist meiner Meinung nach sehr mit der eigenen Kreativität verknüpft. Sei es, dass du über dich selbst lachen kannst, es zulässt, dass andere (mit dir) lachen oder du die anderen mit dem, was du tust, bewusst zum Lachen und zum Nachdenken bringst. Ich behaupte, dass man sich durch Humor in seiner kreativen Arbeit steigern und qualitativ verbessern kann. Humor lässt sich demnach wie eine Kreativ-Methode einsetzen. Mit einer Prise Humor kannst du komplexe Inhalte anschaulicher machen oder auch trockene Inhalte aufpeppen. Humor kann ein Schlüssel sein, um Menschen direkt(er) anzusprechen und zu erreichen. Denn die meisten sind lieber fröhlich als ernst oder betrübt. Humor ist positiv besetzt und bringt uns meist einander näher. In vielen Kreativsparten ist Humor ein wichtiges Stilmittel, wie z. B. in der Werbung.

Mit Humor kannst du, auf z. T. subtilere und unterhaltsame Art und Weise als ohne, Kritik üben z. B. in Form von Sarkasmus, Spott, Ironie und Satire.

#Offenheit
#Witz
#Sarkasmus
#Ironie
#Satire
#Querdenken
#Abstraktion
#Stilmittel
#VorWerbeagentur
#DieWeltBereichertDresden
#Politikaward2015
#JakobWessinger
#YuanPeng
#WessingerUndPeng

Sprachwitz in einem Plakat erdacht von der ***VOR Werbeagentur*** für die Kampagne «Die-Welt-bereichert-Dresden». Diese wurde 2015 mit dem «Politikaward» ausgezeichnet.

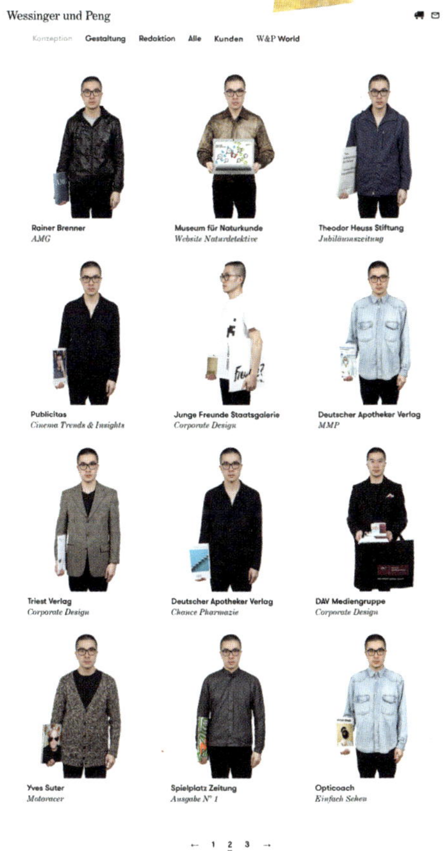

Die von ***Jakob Wessinger*** und ***Yuan Peng*** 2008 gegründete deutsch-schweizerische Agentur ***Wessinger und Peng*** wäre ohne den Einsatz von Ironie und Humor definitiv nicht dieselbe. Das Augenzwinkern ist Markenzeichen und sozusagen ihr visuelles Aushängeschild. Egal ob durch Publikationen wie «wagazin und puch – Das Alphabet» oder ihre Facebook-Posts zum Thema «Zusammenhänge»: Wessinger und Peng zeigen, wie man humorvoll und smart auf sich aufmerksam macht und so neue Kunden gewinnt. Ihre Webseite ist ein Portfolio aus Auftragsarbeiten, die in Anlehnung an einen Mode-Onlineshop visualisiert wurde. Erst auf den zweiten Blick sieht man die Hauptakteure, die von der Agentur gestalteten Druckerzeugnisse. Stilmittel ist hier ein satirisch-humorvoller Blick auf die aktuellen visuellen Trends in der Online-Präsentation und im Online-Verkauf von Mode/Bekleidung.

ÜBUNG: *Nimm eines deiner (bereits abgeschlossenen) kreativen Projekte zur Hand und überprüfe es inhaltlich auf jede Form von Humor. Angenommen, es ist nicht humorvoll, was würde passieren, wenn du es mit einer Prise Ironie versiehst? Was passiert mit dem Inhalt? Was sagt es aus? Wie verändert es sich?*
Bei deinem nächsten Projekt kannst du dir vornehmen, satirisch zu arbeiten (d. h. mit Ironie, Spott und Übertreibung deine Anschauungen zu einer Frage, zu einem Thema abzubilden). Was kannst du satirisch aussagen, was ohne diese Kunstform nicht zu kommunizieren ist? Worin liegen die Vor- und Nachteile von Satire?

REZEPT №37

SETZ DICH IN BEWEGUNG

Ein Spaziergang um den Block oder eine kurze Sporteinheit, Hauptsache Bewegung! Dies ist das Motto für das nächste Kreativrezept. Und es ist noch dazu denkbar simpel: Wissenschaftler der ***Stanford-*** und der ***Santa Clara University*** haben herausgefunden, dass man durch Bewegung seine Kreativitätsleistungen beträchtlich steigern kann. In ihrem Test spielte es dabei keine Rolle, ob der Kreative im Freien spazieren ging oder sich im gleichen Tempo auf einem Laufband bewegte. Beides hatte denselben Effekt, mit Bewegung gab es einen deutlich höheren Ausstoß an Kreativleistung. Bei dem Test wurde außerdem nachgewiesen, dass die (Geh-)bewegung nachwirkt, d. h. nicht nur während des Gehens fällt einem mehr ein, auch nach dem Spaziergang ist man kreativer als vorher.

Es kann dir also helfen, deine kreativen Aufgaben in Bewegung (oder nach körperlicher Bewegung) zu lösen. Dein kreativer Output ist größer und deine Ideen sind ggf. sogar innovativer und ungewöhnlicher. Geht es an die Umsetzung (z. B. Layout, Herstellung, Realisierungsprozess, Abrufen von handwerklichem Können) ist Bewegung eher hinderlich, wenn sie nicht selbst Teil der Umsetzung ist. Aber auch hier gilt: Wenn möglich, öfter mal eine Pause einlegen, aufstehen, sich bewegen, sich strecken und dehnen, herumlaufen und dann wieder frisch ans Werk gehen.

Vor einem Workshop-Beginn oder vor einer Lehreinheit versuche ich oft die Teilnehmer zu aktivieren, indem ich eine kurze körperliche Lockerungsaufgabe vorgebe. Gerade wenn man sich anschließend nur geistig betätigt, kann das zum Arbeiten und Lernen sehr hilfreich sein.

#
#StanfordUniversity
#SantaClaraUniversity
#Laufband
#Spaziergang
#BewegDich
#Aktivierung

ÜBUNG: *Du bist in der Ideenfindungsphase. Statt dein Brainstorming sitzend durchzuführen, gehe beim Nachdenken durch den Raum. Schreib dir deine Ideen dabei auf einen handlichen Notizblock, diktiere sie in ein Aufnahmegerät oder ruf die Ideen einer zweiten Person zu, die sie für dich notiert, während du weiter in Bewegung bleibst.*

REZEPT №38

SURREALISMUS

Das Wunderbare an kreativen Ideen ist, dass der Fantasie (kaum oder) keine Grenzen gesetzt sind: Alles, was du dir vorstellen kannst, ist prinzipiell möglich! Du kannst Tiere sprechen lassen, plötzlich fliegen, an der Decke spazieren, den Nobelpreis gewinnen, ungewöhnliche kulinarische Kombinationen austesten, unsterblich sein, unmögliche Räume und Objekte erfinden, die Nacht zum Tag erklären, Superkräfte haben, Fabelwesen erschaffen, Tote wieder lebendig werden lassen, Raum und Zeit überwinden und reisen, wohin du willst. Toll, oder?

Jetzt musst du dich nur noch entscheiden, worauf du am meisten Lust hast, denn es könnte schwierig werden, alles umzusetzen, was mit deiner Fantasie und deiner Kreativität theoretisch möglich ist. Beides in Kombination, Fantasie und Kreativität, bietet dir unendlich viele Möglichkeiten, dich auszuleben und surreale Welten zu erschaffen.

Bist du vielleicht der 2. Kreativtyp *(siehe Seite 14ff.)*, der virtuos und perfektionistisch arbeitet oder der 4. Kreativtyp, der pragmatisch-rational an seine Aufgaben herangeht? Dann wird es dir wahrscheinlich eher schwer fallen, aus dir selbst heraus (frei) zu schöpfen und dich in irreale oder surreale Szenarien einzudenken. Doch genau darum würde ich dich mit diesem Kreativrezept bitten! Gib dir einfach mal den Raum, dir Dinge auszudenken, die du normalerweise als «Spinnerei» abtun würdest. Und für die Kreativtypen 1 & 3 gilt: Das ist eure Spielwiese, innerhalb dieser Methode könnt ihr einfach das tun, was ihr sowieso gern macht: eurer Fantasie freien Lauf lassen und Dinge schaffen, von denen alle Nicht-Kreativen sagen würden: «Das geht doch nicht. Das ist unmöglich!»

#Fantasie
#Fliegen
#Superkräfte
#Surrealismus
#SalvadorDalí
#MCEscher
#HRGiger
#JanVonHolleben

Einer der bekanntesten Vertreter der Kunstgattung des Surrealismus war ***Salvador Dalí***. Er erlangte vor allem durch seine von Träumen und dem Unbewussten inspirierten Malereien Berühmtheit. Aber auch später spielten diverse Künstler mit dem Sujet des Irrealen, wie z. B. der Zeichner und Grafiker ***M. C. Escher*** mit seinen unmöglichen Figuren und Räumen oder der Künstler ***H. R. Giger,*** der v. a. durch seine düsteren Mechanoiden-Darstellungen (Lebewesen, die halb organisch, halb maschinell sind) berühmt wurde.

Jan von Holleben erschafft surreale Bilderwelten mit seinem Fotoapparat. Er arbeitet dabei ein bisschen wie ein Illustrator. Sich selbst bezeichnet der Fotograf als eine Art «Daniel Düsentrieb», ein Bild-Erfinder, immer auf der Suche nach neuen Visualisierungsideen. Auffällig dabei ist, dass er zumeist mit der Wahrnehmung des Betrachters zu spielen scheint. Oft ist die Realität ein Stückchen verschoben, Menschen und Dinge sind Akteure in irrealen Szenen, oft poetisch, humorvoll, augenzwinkernd und intelligent inszeniert. Die Freude am Ausprobieren, Experimentieren und am Herumspinnen, welche die Bilder ausstrahlen, überträgt sich auf den Betrachter.

ÜBUNG: *Traumhaftes, Unbewusstes, Absurdes und Fantastisches: Das alles sind Merkmale des Surrealismus. Kannst du eines oder mehrere dieser Merkmale in deine kreative Arbeit einbinden? Schaffe ein freies (Wunsch-)Projekt, um dich surreal, irreal, fantastisch und fern des Realismus und einer Anwendbarkeit auszutoben!*

REZEPT № 39

ANALOGIEN FINDEN

Mit Hilfe von Analogien *(griech. analogía = Ähnlichkeiten, Entsprechungen zwischen zwei Dingen; wenn sich zwei Dinge durch ein Merkmal ähnlich sind)* kannst du dein Projekt, deine kreative Idee noch einmal aus einem anderen Blickwinkel betrachten.

Eine Analogie kann z. B. im übertragenen Sinn auch eine Übersetzung deiner Idee in ein anderes Medium sein. Als Beispiel: Du hast eine Handtasche mit einem speziellen Verschluss entwickelt und genäht. Anschließend fällt dir auf, dass sich dieser spezielle Verschluss ebenso dazu eignen würde, einen Rock oder etwas anderes zu schließen.

Oder du betrachtest etwas und kommst auf Basis dessen auf eine Idee für etwas ganz anderes. Du entwickelst eine Analogie, also eine völlig neue, revolutionäre Idee. So ergeht es vielen Kreativen, z. B. wird vermutet, dass der britische Grafikdesigner ***Harry Beck***, angestellt als technischer Zeichner in der Signalabteilung der Londoner U-Bahn, einen elektrischen Schaltplan betrachtete und daraus seinen legendären ***Underground***-Liniennetzplan entwickelte. Dieser Plan verzichtete auf topografische Genauigkeit. Außerdem stellte Beck jede U-Bahn-Linie durch einen eigenen farbigen Strich dar, der nur waagerecht, senkrecht oder diagonal im 45°-Winkel verlaufen durfte. Dies ermöglichte eine sehr übersichtliche Darstellung, die bis heute vielfach kopiert wurde.

Viele Analogien lassen sich aus der Natur ableiten. Das Feld der Bionik überträgt Naturphänomene in technische Innovationen, beispielsweise die Erfindung des Klettverschlusses, der aus der Beobachtung der Klettenpflanze hervorging; oder der Lotuseffekt, der Wasser von Oberflächen abperlen lässt.

#Ähnlichkeiten
#Übersetzung
#HarryBeck
#Bionik
#Klettverschluss
#Lotuseffekt
#Museumsbesuch
#YvonneKardel
#DaWanda
#KatharinaPreußer
#YouTube

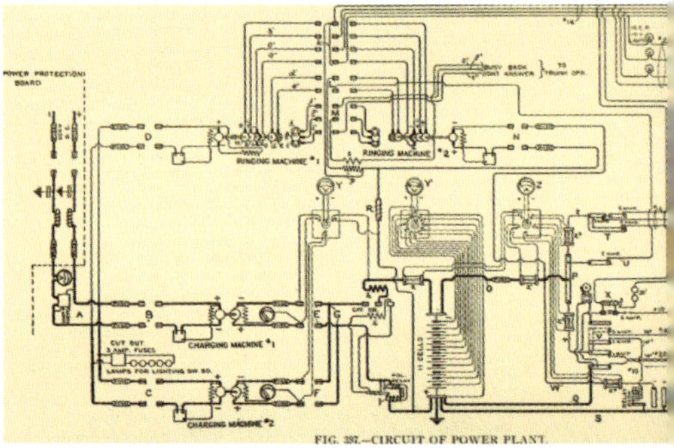

FIG. 397.—CIRCUIT OF POWER PLANT.

ÜBUNG: *Findest du Analogien zwischen deinem eigenen kreativen Schaffen und dem einer Person, die du bewunderst (siehe Seite 98f.)? Wenn ja, was macht das mit deinen eigenen kreativen Zielen?*

Die DIY-begeisterte ***Yvonne Kardel*** näht gern ungewöhnliche Objekte. Ein Beispiel für ihre Handarbeitskünste sind Nadelkissen in Kakteenform, die sie auf der Kreativ-Plattform ***DaWanda*** anbietet! Eigentlich ja eine sehr naheliegende Analogie, auf die Yvonne da gestoßen ist! Kakteen haben Nadeln; der Schneider pikst zur sicheren Aufbewahrung die Nähnadeln in sein Nadelkissen. Beides zusammen ergibt ein Nadelkissen in Kaktusform!

Die Vloggerin ***Katharina Preußer*** beschäftigt sich auf ihrem ***YouTube***-Kanal mit der Rückbesinnung auf die Natur. In einem Video zeigt sie die Entstehung ihres selbst gebauten, heimischen Birkenregals. Bestehend aus vier schlanken Birkenstämmen, einigen Holzbrettern und mit ein paar Winkeln flott gebaut, wurde hier evtl. von ihr die Analogie zu einem «Bücherwald» umgesetzt. Die Verwendung von unbehandeltem Holz kann als Analogie auf das Thema «Möbel aus Holz bzw. aus natürlichen Materialien» gesehen werden.

REZEPT №40

ÜBER DEN TELLERRAND

Kennst du die Redewendung «über den eigenen Tellerrand schauen»? Ich mag diese Formulierung sehr gern, denn zwischen den Zeilen beschreibt sie auch, dass du offen für Neues sein und dich nicht nur um dich selbst drehen solltest. Vielmehr ermutigt sie dich dazu, aus deinem eigenen Fokus zu treten, ohne ihn jedoch ganz zu verlassen. Und ohne konkretes Ziel vor Augen, schaust du, womit sich andere beschäftigen und wie sie arbeiten, um daraus etwas für deine kreative Arbeitsweise abzuleiten.

«Über den Tellerrand zu schauen», heißt auch, funktionierende Systeme anderer Felder in dein eigenes Feld zu übertragen und zu adaptieren. Ein Beispiel, wie das funktionieren kann, sind ungenutzte Selbstbedienungsgeräte an öffentlich zugänglichen Orten: Aus alten, rein mechanischen und nicht mehr ganz zeitgemäßen Zigaretten-Automaten lassen sich 24-Stunden-Kunstverkäufer, nämlich individuelle Kunstautomaten bauen. Und aus leer stehenden, geschlossenen Telefonzellen entstehen immer mehr Mikrobibliotheken, wo Menschen ihre ausgelesenen Bücher hinbringen oder Bücher entnehmen und ggf. anschließend wieder zurückbringen können.

#Tellerrand
#Fachfremd
#Interdisziplinär
#Kunstautomat
#Mikrobibliothek
#ÖffentlichesBücherregal
#TatOMat
#TatendrangDesign
#Upcycling

Beispiel für eine Mikrobibliothek bzw. ein öffentliches Bücherregal in einer alten Telefonzelle in Braunschweig.

Bereits in meinem Studium habe ich mit Kommilitonen zusammen einen alten Zigaretten-Automaten gekauft und diesen in einen Kunstautomaten verwandelt.
Seit einigen Jahren betreibe ich nun mit ***Tatendrang-Design***® fünf Kunstautomaten in Braunschweig.
Die regionale Kunstszene, die an diesem Netzwerkprojekt partizipieren kann, profitiert davon genauso wie die Kunden der Automatenkunst, die Bürger und die Touristen, welche gern für wenig Geld ein Kunstwerk und Mitbringsel aus dem wechselnden Sortiment der Automaten ziehen.

ÜBUNG: *Schau dir eine Ausstellung in einem Museum deiner Wahl an. Kannst du von den ausgestellten Exponaten etwas für deine Arbeit ableiten, übertragen, adaptieren? Wie würden die neuen Einflüsse deinen eigenen kreativen Output beeinflussen?*

Erste Hilfe

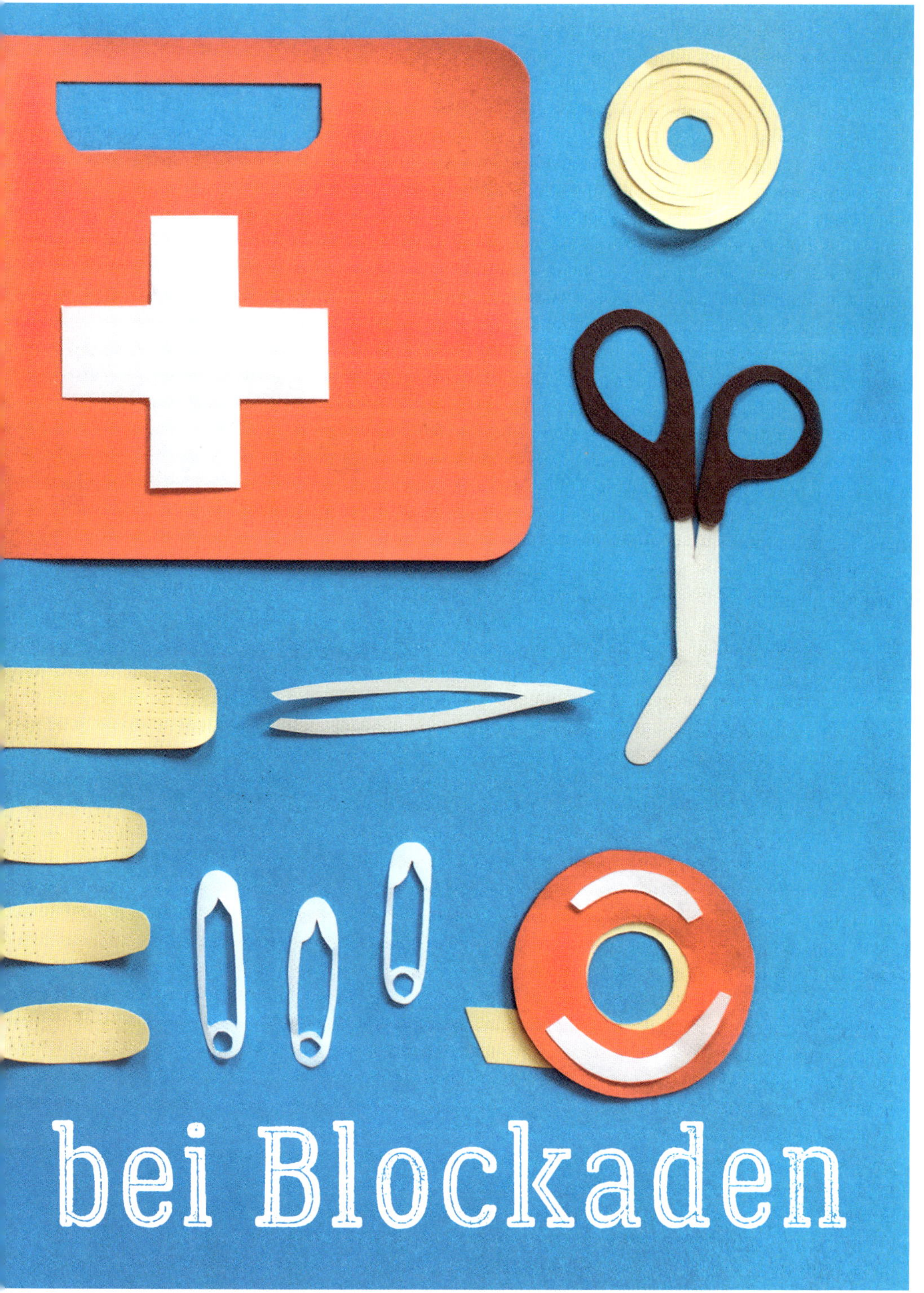

bei Blockaden

Blockaden erkennen & analysieren

Wenn es mal nicht so gut läuft mit deiner kreativen Power, dann hast du wahrscheinlich eine Blockade. Alle Kreativen leiden ab und zu darunter. Die Gründe sind oft mannigfaltig. Bevor du die Ursachen erforschen kannst, musst du das Problem erst einmal wahrnehmen, die Blockade als solche erkennen! Das klingt evtl. trivial, aber einige Kreativschaffende ignorieren die ersten Anzeichen, zwingen sich weiterzumachen und geraten in Stress und Überforderung. Das kann wiederum krank machen.

> «Stress hat man nicht, man macht ihn sich.»
>
> Aba Assa

Daher ist es wichtig, auf die Signale zu hören, sich der eigenen Blockade bewusst zu sein, sie im zweiten Schritt zu akzeptieren (ansonsten wird es stressig) und schließlich zu versuchen, sie zu überwinden. Um sie ganz aufzulösen und weiteren Blockaden vorzubeugen, solltest du erst einmal analysieren, woher die Blockade gekommen ist. Stress auf privater / dienstlicher Ebene kann ein Grund sein, warum man nicht mehr frei und gelassen kreativ leben kann. Anhaltender, negativer Stress führt zu Überforderung (ja, es gibt auch positiven Stress und dieser kann für deine Kreativität durchaus förderlich sein). Weitere Stressfaktoren können sein: zu enges Zeitmanagement, unrealistische Ziele, übertriebener Ehrgeiz und ein zu kleines Budget bzw. mögliche finanzielle Engpässe.

Eine Blockade kann außerdem durch ein bewusstes oder unbewusstes Unwohlsein von Körper oder Geist ausgelöst werden. Das kann rein körperliche Ursachen haben (z. B. Krankheit) oder durch äußere Faktoren ausgelöst werden, wie Lärmbelästigung, falsches Licht, ein nicht optimaler Arbeitsplatz, defizitäre Zusammenarbeit mit anderen.

Auch unbewusste Schuldgefühle (z. B. Sorgen, moralische Bedenken) können blockieren. Dabei treten 90 % der Dinge, um die wir uns Sorgen zu machen, gar nicht ein! Sich Sorgen zu machen, zeugt von einer ausgeprägten Fantasie, manchmal auch von einer Unentschlossenheit, Dinge anzugehen. Würde man weniger aufschieben, müsste man sich ggf. um weniger Sorgen machen.

Ein weiterer Grund für Blockaden können Ängste sein. Trauer, Wut und Zorn gelten ebenfalls als destruktiv, da es negative Gefühle sind, die dir viel Energie entziehen, sodass ein entspanntes und kreatives Arbei-

Erkenne und analysiere deine Situation

Schritt 1: Erkenne, dass «etwas nicht rund läuft».
Dazu benötigst du Achtsamkeit.

Schritt 2: Analysiere, woher die Blockade kommt.
Auslöser für eine kreative Blockade können sein:

- *Stress (körperlich & seelisch)*
- *Unwohlsein*
- *Sorgen & Angst*
- *Trauer, Wut, Zorn*
- *Perfektionismus & Übermotivation*
- *Kritik (Selbstkritik und Kritik von anderen)*
- *Selbstzweifel & Unsicherheit & Minderwertigkeitsgefühle*
- *Zeit- und Geldmangel*

ten kaum möglich ist. Vielmehr lähmen sie dich und verhindern einen freien Geist, der aber Grundvoraussetzung für Kreativschaffende ist.

Perfektionismus und fehlende Kritikfähigkeit, destruktive Kritik oder zu harte Selbstkritik sind ebenfalls hervorragende Blockaden-Auslöser.

Ich möchte noch eins loswerden: Jeder Kreativschaffende hat einmal eine Blockade oder macht Fehler, trifft auf Hindernisse oder Gegenwind. Das ist ganz normal und gehört zur kreativen Tätigkeit (leider) dazu. Doch so können wir auch besser werden!

Auf den nun folgenden Seiten findest du 15 Erste-Hilfe-Tipps bei verschiedenen Blockade-Situationen und Kreativitätskillern. Diese Tipps können dir helfen, deine Blockade schnell zu überwinden und wieder in den kreativen Flow zu kommen.

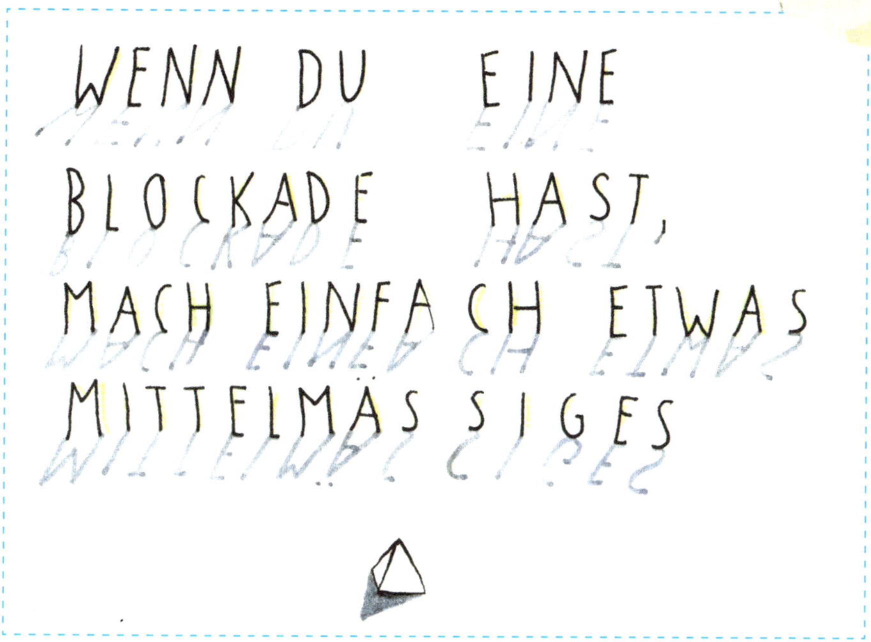

Die Autorin ***Christiane Haas*** hat in ihrem Skizzenbuch festgehalten, wie sie mit Blockaden umzugehen pflegt.

Verordnete Behandlung:

Sei mutig, spring

№1

Diagnose:

Angst, Zweifel, Ungewissheit, Angst vor dem leeren Blatt

Anamnese:

Blockaden werden oft durch Ängste hervorgerufen. Die Angst, sich zu blamieren, einfallslos zu sein und zu bleiben, sich selbst und anderen nicht zu genügen und zu schlecht zu sein, zu versagen – das sind die häufigsten Ängste bezogen auf eine kreative Blockade.

Angst zu haben, ist erst einmal eine natürliche Reaktion des Körpers, ein Schutzmechanismus. Also keine Panik! Sie macht dich in erster Linie auf ein Problem oder eine knifflige Situation aufmerksam. Mit dieser Achtsamkeit kannst du arbeiten. Angst ist aber immer destruktiv, während positiver Stress noch konstruktiv wirken kann. Wenn sie dich so weit im Griff hat, dass die Angst dich einschränkt, lähmt bzw. daran hindert, aktiv zu sein, dann solltest du ihrer Ursache genauer auf den Grund gehen. Ist die Angst unbegründet und irrational, dann solltest du ihr entgegentreten und sie rational bekämpfen, um aus der Einschränkung bzw. Blockade herauszukommen.

In vielen Fällen wird der Gedanke an eine Veränderung der eigenen aktuellen Situation und des damit verbundenen Verhaltens als schmerzhafter empfunden als das Beibehalten des zu verändernden Verhaltens, das für einen untragbar ist. Grund dafür ist die Angst vor dem Ungewissen und der fehlende Mut zur Veränderung. Der Leidensdruck muss bei den meisten Menschen erst deutlich spürbar sein, bevor sie ihr Verhalten ändern. Auch deshalb kann es passieren, dass man erst einmal wie ein geblendetes Reh auf der Fahrbahn in seiner Blockade verharrt, anstatt sofort Gegenmaßnahmen zu ergreifen.

Auch blockieren sich einige Kreative selbst oder geben zu früh auf, nicht weil sie die Aufgabe nicht können oder schaffen, sondern aus Angst be- oder verurteilt zu werden. Sie haben Angst vor Kritik und Ablehnung.

Ängste, die bei Kreativschaffenden auftreten können:

- *die Angst, dass einem nichts einfällt (Black Out)*
- *die Angst, (einen) Fehler zu machen*
- *die Angst vor dem Ungewissen*
- *die Angst vor Stress und Überforderung*
- *die Angst vor der eigenen Unfähigkeit*
- *die Angst vor dem eigenen Versagen*
- *die Angst vor Bloßstellung der eigenen Person*
- *die Angst vor Kritik*
- *die Angst vor Ablehnung, ggf. sozialem Abstieg*
- *die Angst vor Konsequenzen (rechtlich, finanziell)*

WIR HABEN NICHTS ZU VERLIEREN, AUẞER UNS´RER ANGST! [SIC]

RIO REISER

Eigenschaften, die du für den Kreativprozess benötigst:

- *Beharrlichkeit und Ausdauer*
- *Aufmerksamkeit und Konzentration*
- *Fleiß und Neugier*
- *Fantasie und Einfallsreichtum*
- *Hingabe und Leidenschaft*
- *Unangepasstheit*

Art der Ersten Hilfe und verordnete Behandlung:

+ ***Habe eine positive Grundhaltung. Sei mutig und mach einfach!*** Wenn du zu viel grübelst, baust du ggf. auch mehr Ängste auf und machst dir unnötig Sorgen. Der *erste* Schritt bei einem Projekt oder nach einer Blockade ist der, der am meisten Mut erfordert. Aber wenn du den schaffst, dann hast du schon die halbe Miete! Traue dir selbst etwas zu und sag dir zum Beispiel: «Was andere können, das kann ich auch!»

+ ***Arrangiere dich mit deiner Angst.*** Stelle dich deiner Angst, tritt ihr entgegen und kämpfe gegen sie an. Die Angst kann deiner Kreativität auf das nächste Level verhelfen, dich zu besseren Leistungen antreiben, indem du sie besiegst. Sieh sie nicht als unbezwingbaren Gegner.

+ ***Formuliere schriftlich in wenigen Sätzen deine nächsten Schritte.*** Vermeide Formulierungen wie *Ich versuche das und das* … Ersetze sie durch eine bestimmte Wortwahl *Ich mache das und das* … Es ist erwiesen, dass die Art, *wie* wir etwas formulieren darüber entscheidet, ob wir damit erfolgreich sind.

+ ***Benenne Hindernisse, die dir im Weg stehen (und dich blockieren).*** Wenn du sie aussprichst, kannst du leichter Strategien finden, diese zu überwinden!

+ ***Verliere die Angst vor dem weißen Blatt, indem du zum Warmwerden mit einer Fingerübung aus deinem Kreativbereich beginnst.*** Wichtig ist, dass etwas Sichtbares entsteht. Gratulation: Du hast angefangen! Nun kannst du langsam zur eigentlichen Hauptaufgabe wechseln.

+ ***Den Spaß nicht vergessen!*** Löse deine Anspannung, indem du dir den Spaß, den du hast, vergegenwärtigst. Oder betrachte die Dinge mit der Naivität eines Kindes, sei weniger kritisch.

+ ***Nenne es Experiment (nicht Projekt)***, denn damit nimmst du etwas den Erwartungsdruck heraus, wenn du mit anderen darüber sprichst.

Verordnete Behandlung:

Komfortzone verlassen

№2

Diagnose:

Einfallslosigkeit, zu viel Routine, Bequemlichkeit, Faulheit

Anamnese:

Eine Blockade kann in der Regel immer mit einer Abwechslung im Alltag/Daily Business behandelt werden. Deinen Horizont zu erweitern, neue Erfahrungen zu sammeln, dir dadurch einen Wissensschatz anzulegen, wird dir helfen, offen für kreative Einflüsse zu sein, denn eine Veränderung im Alltag ermöglicht neue Ideen!

Neue Erfahrungen kannst du machen, indem du z. B. deine gewohnte Umgebung und damit deine Komfortzone verlässt. Mit Komfortzone meine ich zum einen den Ort des kreativen Schaffens, aber auch deine innere Haltung dazu. Du hast wahrscheinlich eine gewisse Routine, wie du Projekte angehst (und das ist auch gut und wichtig). Aber manchmal kann es sinnvoll sein, gerade wenn du nur zu durchschnittlichen Ergebnissen kommst oder mit deiner Leistung nicht zufrieden bist, diese Routine bewusst zu durchbrechen und Dinge auszuprobieren, die dir im ersten Moment sehr schwer fallen. Trau dich! Versuch es! Gib dir die Möglichkeit, deine geistige Flexibiliät zu steigern und einen neuen Weg zu gehen. Kleine Ausflüge, neue Veranstaltungen, Reisen, ein Urlaub, spontane Events, ein kleines Abenteuer können dir neue Eindrücke und Perspektiven für dein Kreativschaffen geben. Oder nimm dir Zeit, Neues zu lernen, dich weiterzubilden, (Workshops, Kurse, Vorträge, Fachbücher, Online-Tutorials, Webinare etc.). Erweitere dein Bewusstsein und damit deine zukünftigen, kreativen Möglichkeiten. Wenn du das Vertraute mit dem Unbekannten tauschst, wirst du neue Erfahrungen machen. So kannst du dein Streben nach Kontrolle, Beständigkeit und Sicherheit, das dich in deiner Kreativität einschränkt und das jedem Menschen von Natur aus als Schutzmechanismus gegeben ist, aufbrechen. Noch ein Tipp: Ideen kommen oft genau dort, wo man sie am wenigsten erwartet!

Art der Ersten Hilfe und verordnete Behandlung:

+ ***Lass dich auf etwas völlig Neues ein!*** Das kann alles Mögliche sein: eine Reise; ein Workshop; ein Thema, das du bisher gemieden hast; ein Ort, wo du noch nie gewesen bist; ein geheimer Wunsch, den du jetzt realisierst. Sei spontan und neugierig. Lass dich von der Situation treiben und überraschen.

Jan Augsberg hat 2016 seinen vermeintlich sicheren Job als Architekt gekündigt, um eine Reise ins Unbekannte anzutreten. Mit dem groben Ziel vor Augen, 100 Konzerte in 100 verschiedenen Städten zu spielen, ging es los. Er hatte kaum Konzert-Erfahrung, keine Kontakte im Musikbusiness und wusste darüber hinaus nicht, wie man eine Konzertreise organisiert. Am 23.12.2016 gab er das 100. Konzert in Berlin, da lagen 70.000 km, zwei Kontinente und 16 Länder hinter ihm. Warum hat er diese Reise trotz aller Ungewissheiten gewagt? Er sagt: «Ich glaube, ich wollte mehr über mich, über das Leben, über Menschen herausfinden.»

Art der Ersten Hilfe und verordnete Behandlung:

+ ***Riskiere etwas!*** Das Streben nach Sicherheit hemmt deine kreativen Möglichkeiten. Du kannst mit angezogener Handbremse nicht aus dem Vollen schöpfen. Traue dich und verlasse deine Komfortzone, *siehe auch Rezept №40, Seite 110f.*! Es wird das (kleine) Risiko wert sein.

+ ***Verändere deine innere Einstellung/Haltung.*** Voreingenommen zu sein und Vorurteile zu haben, kann dich von bereichernden Erlebnissen fernhalten. Sei offen und unvoreingenommen! Bequemlichkeit und Faulheit solltest du ebenso bekämpfen!

+ ***Gehe nicht den Weg, den du immer gehst!*** Das kannst du sowohl wortwörtlich nehmen als auch im übertragenen Sinne verstehen. Der Weg ist manchmal das Ziel.

+ ***If you can't make it, fake it! & Fake it until you make it!*** Ein neues kreatives Kapitel aufzuschlagen, ist für niemanden leicht. Deshalb darfst du auch ruhig ein bisschen tricksen und «so tun als ob», Hauptsache du lässt dich nicht so schnell abbringen. Denn dann wird aus dem «so tun als ob» ein: «Ich mache und ich kann!»

+ ***Ideen («ungelegte Eier») aussprechen!*** Das wird dir helfen, sie tatsächlich umzusetzen, nach dem Motto: «Jetzt hab ich es gesagt, jetzt muss ich es auch machen!» Gib einer Idee zusätzlich Verbindlichkeit, indem du sie als Termin in deinen Kalender schreibst.

+ ***Wechsle den Ort!*** Wenn du eine Blockade hast, gehe an einen anderen Platz zum Arbeiten (vielleicht an einen für dich ungewöhnlichen, konträren, unbekannten Ort).

Verordnete Behandlung:

Die richtige Zeitplanung

№3

Diagnose:

Zeitdruck, Überforderung, Stress

Anamnese:

Wenn du vor lauter Zeitdruck in Stress gerätst oder durch eine (zu) große Aufgabe überfordert bist, versuche es mit ein bisschen Zeitplanung. Hab keine Angst, durch Zeitplanung eingeengt oder «eingetaktet» zu werden, das Gegenteil ist der Fall: Mit einer guten Zeitplanung gewinnst du Zeit und dadurch Freiheit, weil Zeitplanung bedeutet, in weniger Zeit effektiver zu sein und damit klüger statt härter zu arbeiten. Du legst deine Ziele und deine Prioritäten fest, die du anschließend «nur noch» ausführen musst.

Wenn du in einem Projekt überfordert bist, kann das daran liegen, dass es zu umfangreich ist und/oder du nicht genügend Zeit dafür eingeplant hast. Das wiederum kann dich stressen und ggf. blockieren. Eine Möglichkeit, um große Projekte übersichtlicher zu gestalten, ist die Meilenstein-Methode. Dabei unterteilst und zerlegst du dein komplexes Projekt in kleinere Schritte, d. h. du stückelst es und definierst Meilensteine (= Zwischenziele), die du innerhalb des Projektes klar benennst und in einer bestimmten Projektphase erreichen möchtest. In deinem Meilenstein-Zeitplan definierst du alle Zwischenziele als Meilensteine und baust im besten Falle noch Pufferzonen ein (sodass du auch mal überziehen kannst und für Zwischenfälle, Unvorhergesehenes, Überraschungen gewappnet bist). Der Vorteil davon ist, dass du nicht permanent das ganze Projekt mitdenken, sondern dich nur auf den nächsten Schritt konzentrieren musst. So kommst du Stück für Stück zum Ziel.

Wichtig zu wissen ist, dass der erste und der letzte Meilenstein die schwierigsten sind! Wenn du den Anfang geschafft hast, dann fallen dir die nächsten Schritte leichter. Der letzte Meilenstein erfordert meiner Erfahrung nach am meisten Energie von dir, zumeist auch mehr, als du ursprünglich geplant hast. Hier solltest du besonders viel Zeitpuffer mit einplanen, um deinen erfolgreichen Abschluss zu gewährleisten.

Bei deiner Zeitplanung gibt es weitere Aspekte zu bedenken: Wann arbeitest du am besten (Tageszeit, Tageszeitspanne)? Beobachte deine Kreativkurve und passe die tägliche Planung darauf hin an – so arbeitest du effizienter. Kannst du Prioritäten setzen? Welche Handlungen und Aufgaben im täglichen Kreativprozess oder bei deiner Arbeit sind dringend, welche sind wichtig? Kannst du Nein sagen? Und bist du in der Lage, realistisch einzuschätzen, wann dir Aufgaben zu viel werden, welche Projekte, Wettbewerbe, Kooperationen, Anfragen etc. dich weiterbringen, dir nützen und welche du besser absagst, weil Aufwand und Nutzen nicht im Verhältnis stehen?

Wie man Nein sagt:

- *Bei Anfragen: am besten schnell, bestimmt und höflich, drumherumreden hilft niemandem.*
- *Mit der Gewissheit im Hinterkopf: Ich habe das Recht dazu! Es ist meine Entscheidung.*
- *Wenn du willst, kannst du deinem Gegenüber (oder dir selbst) einen Gegenvorschlag machen.*

Art der Ersten Hilfe und verordnete Behandlung:

+ ***Zeittagebuch führen und Zeitverschwendungen aufdecken.*** Führe eine Woche ein Zeittagebuch und schreibe auf, womit du wie lange deine Zeit verbringst. Du wirst überrascht sein, dass es da einige Zeitfresser gibt, die dir bisher in diesem Ausmaß nicht bewusst waren. Diese kannst du im nächsten Schritt vermeiden, um Zeit für Wichtiges und Schönes zu haben! Auch interessant: Wo hast du Zeit anderer verschwendet und wo haben andere deine Zeit verschwendet? Kannst du das abstellen?

+ ***Zeit für dich mit einkalkulieren (z. B. zum Entspannen oder für Dinge, die dir wichtig sind).*** Im Rahmen des Zeittagebuches kannst du auch analysieren, wann du Zeit nur für dich hattest. Reicht dir diese Zeit? Kannst du dir einen täglichen oder wöchentlichen Termin festlegen (z. B. immer montags 9–10 Uhr, täglich 15 Minuten etc.). Eigene Zeit ist wichtig, um zu reflektieren und zu entspannen.

+ ***Tägliche Aufgabenliste festlegen.*** Schreibe dir am Vortag eine Liste, was (z. B. Telefonat, Projektarbeit, Sport, Einkaufen) du wann (Zeitspanne) am nächsten Tag erledigen möchtest. Morgen brauchst du dir dann darüber keine Gedanken mehr zu machen. Die Liste hilft dir auch dabei, dich nicht mit unwichtigen Beschäftigungen abzulenken. Achtung: Du brauchst dich nicht sklavisch daran zu halten, finde dein passendes Maß. Es ist völlig in Ordnung, wenn es mal nicht «nach Plan» läuft oder nicht alle Punkte an dem Tag erledigt sind.

+ ***Die Rückwärts-Analyse*** kann Denkblockaden lösen: Vergiss für einen Moment deine Blockade und skizziere dein gewünschtes Projektergebnis, also z. B. den erfolgreichen Abschluss. Arbeite dich gedanklich (ggf. auch zusammen mit einem Gesprächspartner) von diesem Ziel Schritt für Schritt rückwärts durch die verschiedenen Arbeitsphasen, bis du wieder bei deinem aktuellen Problem angekommen bist. Vielleicht hast du dadurch eine neue Perspektive zur Lösung der Blockade gefunden.

+ ***Nutze Wartezeiten.*** Egal ob du beim Arzt im Wartezimmer oder im Zug sitzt, das ist Zeit, die du zum aktiven Entspannen oder zum Kreativsein nutzen kannst: Du kannst schreiben, Musik hören, lesen, über ein Problem nachdenken. Packe dir in jedem Fall etwas zum Schreiben ein.

+ ***Schätze die Gegenwart!*** Bedaure nicht die Vergangenheit und habe keine Angst vor der Zukunft, beides kannst du nicht beeinflussen und es kostet dich nur Energie.

Verordnete Behandlung:

Es gibt keine Perfektion!

№4

Diagnose:

Perfektionismus, Übermotivation, Misserfolge

Anamnese:

Perfektion als erstrebenswert anzusehen, ist gesellschaftlich allgemein verbreitet. Wir werden dazu erzogen, unser Bestes zu geben, um der oder die Beste in einem Bereich zu sein. Dabei ist das total unrealistisch, nahezu unerreichbar und damit frustrierend. Und dieses Streben ist nicht unbedingt innovationsfördernd, denn es geht in erster Linie hierbei um einen Status, nicht aber um ein inhaltliches Ziel.

Vielmehr solltest du nach hervorragenden Leistungen und Selbstverwirklichung in den Bereichen streben, die du gern tust und die dir etwas bedeuten.

Wenn du der Beste sein willst, bedeutet das, dass du dich ständig mit anderen vergleichst und ich wette, du vergleichst dich nur mit denjenigen, bei denen du glaubst, dass sie «besser» sind als du, richtig? Damit wird dein selbst attestiertes Versagen recht wahrscheinlich. Die deutsche Autorin ***Petra Bock*** nennt das einen klassischen «Mindfuck», der dich schließlich mental blockiert. Es ist ein typisch menschliches Verhalten, andere überzubewerten und sich selbst dabei abzuwerten. Doch rational betrachtet, ist kein Mensch perfekt. Vielmehr solltest du dich selbst so annehmen, wie du bist, mit all deinen Stärken und Schwächen. Jeder macht Fehler. Wichtig ist, sie zu erkennen, damit du sie korrigieren kannst und nicht ein zweites Mal begehst.

Aus Fehlern kannst du lernen und dich so Schritt für Schritt verbessern.

Fehler, Misserfolge und Scheitern gehören dazu, sind aber nicht Voraussetzung. Lasse dich nicht entmutigen, wenn dir Fehler passieren. Sage dir stattdessen: Ein früherer Misserfolg kann durchaus zu einem Erfolg in der Zukunft maßgeblich beitragen. Wenn du mehr Erfolg haben willst, musst du bereit sein, ggf. öfter zu scheitern.

Um Blockaden gar nicht erst entstehen zu lassen: Urteile nicht, wie gut du etwas machst, wenn du es gerade tust, sondern mache es einfach. Das ist erst einmal das Wichtigste! Du hast später noch genügend Zeit, es dir kritisch anzuschauen, es zu verbessern, zu verändern oder ganz zu verwerfen. Es ist erwiesen, dass man sich im Anfangsstadium des Kreativprozesses besser viele Konzepte ausdenkt, als zu versuchen, *die eine* perfekte Idee zu generieren. In dieser Phase zählt eher die Quantität als die Qualität. Und es von Beginn an nicht ganz so wichtig zu nehmen, lässig an die Aufgabe heranzugehen, ist ein Trick, um den eigenen Perfektionsanspruch zu drosseln. Du kannst dir auch zur Beruhigung sagen: Mittelmäßigkeit ist keine Schande, sondern Normalität. Die wenigsten Menschen sind die totalen Überflieger und absolut genial – es ist die Ausnahme und das sind ganz, ganz wenige Menschen!

FAILURE FUCKS.
BUT INSTRUCTS.

PROF. BOB SUTTON &
DIEGO RODRIGUEZ

Persönliche Belastbarkeit,
Mut und Bescheidenheit,
die aus heilsamen
Niederlagen erwachsen,
sind für die Reifung und
Persönlichkeitsbildung
von unschätzbarem Wert.

Chris Flink

Art der Ersten Hilfe und verordnete Behandlung:

+ ***Alles mit der linken Hand!*** Wenn du alle Handlungen an einem Tag mit der «falschen» Hand machst (Zähneputzen, Brot schmieren, Schreiben, Telefonieren etc.), wirst du feststellen, dass du jeden Handgriff bewusster durchführen musst. Du hast eine andere Konzentration und lernst die Dinge, die du tust, neu kennen. Diese Perspektive hilft dir, deinen Alltag und deine Fähigkeiten nicht als selbstverständlich hinzunehmen. Außerdem regst du deine andere Gehirnhälfte und damit dein kreatives Denken an – nebenbei wirst du zu weniger Perfektionismus ermutigt.

+ ***Erstelle eine Kompetenzliste.*** Um dein Selbstbewusstsein zu steigern, kannst du eine Liste mit deinen Kompetenzen erstellen: Was kannst du gut? Was sind deine besonderen Fähigkeiten und Kompetenzen? Hebe deine «Pros» hervor. Vernachlässige an dieser Stelle deine Schwächen und die «Kontras». Feiere deine Stärken!

+ ***Fuck-up-Event.*** Besuche oder veranstalte ein «Fuck-up-Event», ein Treffen/eine Veranstaltung des Scheiterns, auf dem sich Leute versammeln, die davon erzählen, wie sie gescheitert sind und welche Fehler sie gemacht haben. Aus ihren Erfahrungen kannst du lernen und durch dieses Umfeld deine eigenen Ansprüche überprüfen.

+ ***Nimm dir Kinder als Vorbild***, denn sie denken beim Spielen nicht über Perfektion nach. Sie machen einfach.

Verordnete Behandlung:

Rituale finden

№5

Diagnose:

Ablenkung, Unkonzentriertheit, Kampf mit dem inneren Schweinehund

Anamnese:

Um in den kreativen Fluss, besser bekannt als Flow zu kommen und dort auch so lange wie möglich zu bleiben, ist jeder Kreativschaffende bereit, (fast) alles zu tun. Der Regisseur ***Woody Allen*** z. B. hat erkannt, dass es ihm jedesmal einen neuen Schub gibt, wenn er den Raum in seinem Apartment wechselt. Sobald er bemerkt, dass der kreative Fluss (für das Schreiben von Drehbüchern) weniger wird, wechselt er (wieder) den Raum. Auch mitten am Tag zu duschen, hilft, sagt er. Das Bad ist schließlich ebenfalls ein anderer Raum und unter der Dusche kann er sehr gut nachdenken.

Die Erfahrung im eigenen Umgang mit deiner Kreativität wird dir mit der Zeit individuelle Verhaltensweisen, Gewohnheiten und Rituale aufzeigen, die dir helfen, dich schnell und professionell in den kreativen Flow zu bringen. Auch wirst du Vorlieben entwickeln, die du (manchmal vermeintlich) brauchst, um am besten kreativ zu sein und ein relatives Wohlbefinden herzustellen (Arbeitsrituale, Ort, Musik, Talismänner etc.). Wenn ich schreibe, sitze ich z. B. immer an einem Tisch und es muss sehr ruhig und leise um mich herum sein (Musik geht gar nicht!). Wenn ich dagegen zeichne oder male, kann ich das überall, Hauptsache es läuft Musik! Ein Bekannter von mir ist Journalist, er schreibt alle seine Texte in seinem Bett sitzend, seinen Laptop auf dem Schoß.

Wenn du dich an deine Gewohnheiten und Rituale gewöhnt hast, kann es manchmal zu Blockaden kommen, wenn diese dir fehlen, du nicht an deinem gewohnten Arbeitsplatz bist oder der Tag anders verläuft als üblich. Beobachte dann dein Verhalten: Woran liegt es genau, dass du gerade blockiert bist? Was könnte dir gewohnheitsmäßig helfen, nicht mehr blockiert zu sein? Kannst du probieren, auch ohne diese Rituale oder die gewohnte Umgebung in Flow-Stimmung zu kommen? Und was brauchst du dazu?

Jeder ist individuell verschieden. Es gibt Menschen, die Abwechslung brauchen und Rituale, Gewohnheiten und Routine als erdrückend empfinden. Doch schau an dieser Stelle nur auf dich, was du magst und was dir hilft, da es kein allgemein gültiges Rezept gibt.

Wenn du blockiert bist, kann es dir helfen, genau dafür ein Ritual zu schaffen, um die Blockade wieder aufzulösen. Was das ist, das musst du leider selbst herausfinden (z. B. rausgehen aus der Situation, mit jemandem reden, Sport machen, spazieren gehen, essen, schlafen, trinken, meditieren oder dich ins Kino setzen).

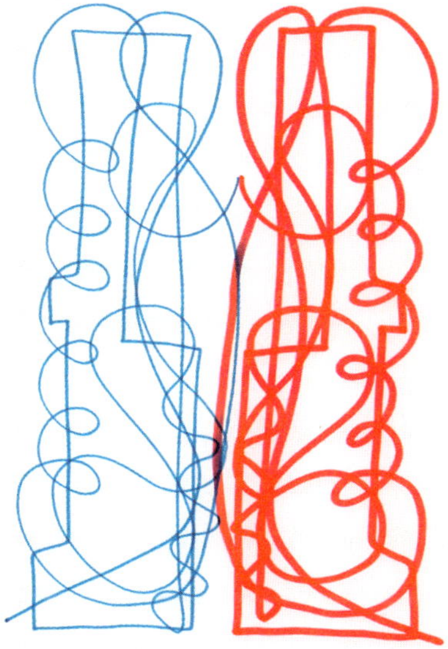

Das sind Kreativitätskiller:

- *Faulheit & Bequemlichkeit*
- *Ablenkungen, Prokrastination*
- *Erschöpfung, Konzentrationsprobleme*
- *fehlende Energie, Müdigkeit*
- *sich in der Opferrolle sehen, fehlendes Selbstwertgefühl*
- *negative Grundhaltung*
- *schlechtes Arbeitsklima (Arbeitsplatz), autoritäres Verhalten anderer*
- *fehlende Hilfsmittel & Methoden*
- *fehlende Zeit, schlechtes Timing*
- *Killerphrasen* (siehe Seite 145)

Art der Ersten Hilfe und verordnete Behandlung:

+ ***Unterbrechungen vermeiden.*** Um im Flow und in der Konzentration zu bleiben, ist es wichtig, dass du dich nicht selbst oder dass dich andere nicht in deiner kreativen Tätigkeit unterbrechen. Sorge vorab dafür, dass es nicht zu Störungen kommt.

+ ***Unterbinde Vermeidungshandlungen.*** Wenn du dich vor einer neuen Aufgabe scheust und blockierst, neigst du vielleicht (wie viele Menschen) dazu, Übersprungshandlungen auszuführen und z. B. zu putzen oder hektisch den Schreibtisch aufzuräumen – alles nur, um die Aufgabe zu vermeiden. Achtung: Das ist kein Ritual (aber es kann zur Gewohnheit werden). Wenn du dieses Verhalten bemerkst, unterdrücke es und zwinge dich dazu, die neue Aufgabe anzugehen.
  Du kannst dich ja austricksen und nach dem Belohnungsprinzip handeln: «Wenn ich diese Aufgabe geschafft habe, darf ich zur Belohnung … tun.»

+ ***Synchronzeichnen zum Lockerwerden.*** Wenn du blockiert bist, nimm dir ein DIN-A3-Blatt zur Hand und zwei Stifte deiner Wahl. Befestige das Blatt auf dem Untergrund, damit es nicht wegrutschen kann. Male dann mit beiden Händen eine symmetrische Figur in Form von flüssigen Bewegungen, z. B. einer Linie. Achte nicht bewusst darauf, was du machst. Diese Übung aktiviert beide Gehirnhälften und macht dich lockerer für die anschließende Kreativarbeit.
  Für Fortgeschrittene: Dieselbe Übung, aber beide Hände zeichnen gleichzeitig etwas anderes!

Verordnete Behandlung:

Aus Negativ mach Positiv

Nº6

Diagnose:

Wut, Ärger, Frust (starke Gefühle)

Anamnese:

Eine Blockade kommt aus uns selbst heraus. Sie entsteht nicht durch andere. Dein Unterbewusstsein ist der Schlüssel und die treibende Kraft. Es entscheidet, ob du eine Aufgabe locker angehst, ein Ziel mit Leichtigkeit erreichst oder dich schwer tust, selbst blockierst und sabotierst. Du selbst bist im Prinzip dein Freund und dein Feind gleichzeitig. Deine innere Einstellung entscheidet, wie du mit Problemen/Aufgaben umgehst. Wie kannst du mit deinem Unterbewusstsein kommunizieren, es beeinflussen? (Ich hoffe, dafür kann ich in diesem «Erste Hilfe»-Kapitel diverse Lösungsvorschläge anbieten!) Ein Tipp ist sicherlich, eine positive innere Grundhaltung zu einem Problem oder einer Aufgabe und bzgl. deiner eigenen kreativen Fähigkeiten zu haben. Kreativer Erfolg hängt stark vom inneren Frieden, von Zuversicht und einer positiven Geisteshaltung ab. Wie gehst du aber konkret mit negativen Situationen um (z. B. eigene Empörung über Ungerechtigkeiten, destruktive Kritik, Dummheit, Unverständnis, Killerphrasen)? Der erste Impuls sind starke negative Gefühle (Wut, Ärger und Frust), die dich blockieren und unsicher machen können. Ein Weg, seine Objektivität und Entspanntheit wiederzuerlangen, ist es, positiv und konstruktiv gegenzuarbeiten. Sag dir z. B.: «Darüber kann ich mich auch morgen noch aufregen.»

Oder du zählst erst einmal bis 10 und atmest beim Zählen tief ein und langsam aus. Wenn das nichts hilft, kannst du dir sagen: «Jetzt erst recht!» Die negative Energie lässt sich nutzen und in einen positiven Energieschub für dein Vorhaben umwandeln. Denn Wut und Ärger haben ein schöpferisches Potenzial. Dein Selbstbewusstsein kann jede Giftwirkung einer miesen Killerphrase aufheben! Wenn du es aus eigenem Antrieb nicht schaffst, dann kannst du auch jemand anderen «vorschieben», dem du es beweisen willst oder dem damit geholfen wäre. Wenn auch dies nicht funktioniert, dann entferne dich erst einmal von dieser Situation und lasse den Ärger und die Wut woanders heraus, z. B. durch Sport/rein körperliche Aktivitäten. Du kannst dich stattdessen auch in einem anderen kreativen Medium ausdrücken und dieses als Ventil nutzen (wenn man Designer ist, dann beispielsweise durch Musik oder durch Schreiben; keinesfalls in demselben Medium bleiben).

Vielleicht tröstet es dich ein wenig, dass nach meiner Erfahrung (und sicherlich auch nach der Erfahrung vieler anderer) Situationen, die nerven, frustrieren und herunterziehen, oftmals mehr als kreative Katalysatoren wirken können, als positive Situationen dazu in der Lage wären.

NOT MACHT ERFINDERISCH, WUT UND ZORN MACHEN KRANK.

ALFRED SELACHER

Art der Ersten Hilfe und verordnete Behandlung:

+ ***Das wäre doch gelacht!*** Humor ist ein Mittel, mit Kritik und Killerphrasen elegant und offensiv umzugehen. So nimmst du Kritik nicht allzu ernst, vor allem dann nicht, wenn sie offensichtlich nur dazu gedacht ist, dich abzuwerten oder deine Idee im Keim zu ersticken.
Und du solltest auch über dich selbst lachen können! Humor hilft, Distanz zu Situationen zu schaffen, bei denen du dich evtl. verrannt hast. Wenn du Humor hast, beweist du Köpfchen und gleichzeitig Größe.

+ ***Aus der Not eine Tugend machen.*** Wenn man in einer negativen Stimmung gefangen ist, befindet man sich emotional in Not. Not macht erfinderisch! Mache das Beste aus deiner Situation, nutze die Gegebenheiten, die dir gerade zur Verfügung stehen und vielleicht ergibt sich daraus sogar eine Abkürzung zu deinem Ziel, die du vorher gar nicht gesehen hast!

+ ***Wie wäre es mit einem Motivations-Mantra?*** Wenn du an dir und deinen Fähigkeiten zweifelst (oder gerade sehr wütend bist), sage dir laut: «Wer, wenn nicht ich? Wann, wenn nicht jetzt? Wo, wenn nicht hier? Was, wenn nicht genau das? Wie, wenn nicht genau so?»

+ ***Du bist frustriert, weil du nicht alles machst, worauf du eigentlich Lust hast und was dich wirklich erfüllt?*** Leg dir eine «Bucket List» (Wunschliste) an und notiere alles, was du noch erleben und erreichen möchtest, mag es noch so albern oder unrealistisch sein. Versuche anschließend, es nach und nach abzuarbeiten. Und bedenke: Erfolg ist eine Fähigkeit, die du lernen kannst, du bist sicherlich am erfolgreichsten, wenn du das tust, was du liebst und das, was du wirklich machen willst.

Verordnete Behandlung:

Willensstärke, Ausdauer & Stetigkeit

№7

Diagnose:

Demotivation, fehlender Kampfgeist

Anamnese:

Fehlt es dir an Willensstärke, stellen sich oft Unlustgefühle, Ablenkungen und andere Hindernisse in den Weg, die dich am Erreichen deiner Ziele blockieren. Was also tun bei zu wenig «Willen zur Stärke»? Du musst lernen, dich auf dein Ziel zu fokussieren, Prioritäten setzen zu können, bereit sein, Risiken einzugehen, und darfst dich von deinem Ziel nicht durch Hindernisse und Unvorhergesehenes abbringen lassen. Des Weiteren solltest du vorausschauend planen können. Wichtig ist auch, Probleme anzugehen und zu lösen, bevor sie allzu groß werden und schließlich die Erreichung deines Zieles gefährden. Letzteres nennt man übrigens das Niagara-Syndrom. Als Bild: Du paddelst so lange auf einem Fluss, bis die Strömung (der Niagarafälle) zu einem ernsten Problem wird, das du nicht mehr mit deiner Muskelkraft (vgl. zu deiner Willensstärke) lösen kannst. Außerdem solltest du lernen, dir selbst mehr zu vertrauen (Selbstvertrauen!) und zielbezogen, selbstständig und selbstdiszipliniert zu handeln.

Viele Kreativschaffende verfügen über eine zusätzliche Kompetenz im Bereich Willenskraft: Sie können ihre eigenen Gefühle und Stimmungen so beeinflussen, dass sie mehr mentale Energie aufbringen, als sie tatsächlich benötigen, d. h. ihr Energiespeicher (= Willenskraft) ist immer so voll, dass nicht Gefahr besteht, ihr Ziel aufzugeben. Sie programmieren sich mit positiven Gedanken und glauben fest daran, dass sie es schaffen können.

Deine Willensstärke wird definiert durch charakterliche Kennzeichen wie Ausdauer (Beharrlichkeit), Robustheit, Tatkraft, Entschlossenheit und Zielstrebigkeit. Wenn du diese «Superkräfte» besitzt, kannst du deine selbst gesteckten Ziele erreichen, ohne gegen allzu große Widerstände ankämpfen zu müssen.

Art der Ersten Hilfe und verordnete Behandlung:

+ ***Ein neues Verhalten trainieren.*** Man sagt, es braucht 21 Tage (am Stück), um ein neues Verhalten anzutrainieren, bevor es zu einer Gewohnheit wird und schließlich in Fleisch und Blut übergeht. Unabdingbar ist, dass man konsequent und willensstark dabeibleibt, keine Ausnahmen und vor allem keine Ausreden zulässt.

WER SEINEN ERFOLG BESCHLEUNIGEN WILL, MUSS SEINE VERSAGENSQUOTE VERDOPPELN.

TOM WATSON

Art der Ersten Hilfe und verordnete Behandlung:

Ich glaube, jeder kennt das aus dem Sport: Du nimmst dir vor, mehr Sport zu treiben, meldest dich bei einem Fitnessstudio an und die ersten drei bis vier Wochen gehst du auch noch regelmäßig hin. Du bist stolz und freust dich. Doch dann lässt es nach, der Schweinehund gewinnt einmal, zweimal, dann gehst du mal wieder, dann wieder nicht. Eine Routine tritt nicht ein und aus dem Ziel wird nichts. Du hast es schleifen lassen und fühlst dich wie ein Verlierer, der den Kampf gegen sich selbst verloren hat. Es hilft nur eins (und das ist jetzt hart, denn niemand hört das gern): Du hast es selbst in der Hand. Wenn du es wirklich willst, schaffst du es auch. Man kann alles schaffen, was man wirklich, wirklich will.

+ ***Übung macht auch hier den Meister.*** Wie schon in *Rezept №24* geschrieben steht, ohne Übung geht es nicht. Doch wo ein Wille ist, ist auch ein Weg und stetige Übung bringt Verbesserung. Kreative Fähigkeiten sind wie ein Muskel, der durch Übung wächst und durch Ausdauer stärker wird, ein kontinuierliches Training (Stetigkeit) hält ihn dann in Form (hier sind wir schon wieder beim Sportmachen!). Und noch einmal der Hinweis: Kreativ arbeiten, aus sich selbst heraus schöpfen, ist Arbeit (egal ob als Künstler, Musiker, Koch, Freiberufler, Unternehmer, Schriftsteller, Bastler etc.)!

+ ***Immer wieder aufstehen.*** Wenn du eine Niederlage erlebt hast, ist es wichtig, dich davon nicht mental zerstören zu lassen. Eine Freundin von mir pflegt in solchen Momenten zu sagen: «Hinfallen, Aufstehen, Krönchen richten, Weitergehen.» Fehlversuche und Niederlagen kannst du mit Ausdauer und Entschlossenheit ausgleichen. Und irgendwann klappt es bestimmt.

+ ***Einen Freifahrtschein, bitte!*** Um gut kreativ arbeiten zu können, darfst du dich nicht in deinem Spielraum, deiner Freiheit beschränken (lassen). Stell dir mental einen Freifahrtschein für dein Tun aus, um Dinge ausprobieren zu können. Nimm dir jede Freiheit, die du brauchst, und lass dich nicht von fremdbestimmten Erwartungshaltungen oder der eigenen Schere im Kopf leiten.

Verordnete Behandlung:

Unterstützung

№8

Diagnose:

Erreichen der eigenen Grenzen, Stillstand

Anamnese:

Möglicherweise gelangst du an einen Punkt deines Kreativschaffens, an dem du, ohne Hilfe in Anspruch zu nehmen, nicht mehr weiterkommst. Stressfaktoren können Dinge sein, die dich überfordern, weil du darin kein Experte bist. Hier gilt der Tipp, diese sofort an einen helfenden Experten auszulagern und abzugeben. So minimierst du erfolgreich deine Stressoren. Die Vorteile einer Zusammenarbeit mit einem Unterstützer liegen auf der Hand: Vier Augen sehen mehr als zwei, vier Hände schaffen mehr als zwei, zu zweit erweitern und ergänzen sich die kreativen Fähig- und Fertigkeiten. Wird aus der temporären Unterstützung eine Partnerschaft – oder ist es eine von Anfang an (*siehe Seite 64f.*) – teilt ihr euch auch das Risiko und den finanziellen Einsatz. Das entlastet beide Partner und stellt einen klaren Vorteil zum «Einzelkämpfersein» dar. Das Teamwork wird außerdem soziale Verantwortung unter euch auslösen und euer Projekt zusätzlich vorantreiben, nach dem Motto: «Ich möchte meinen Partner auf keinen Fall hängen lassen.»

Bei temporärer Unterstützung kannst du das Problem, das die Blockade auslöst, eine Zeit lang zu einem Problem eines anderen machen. Du teilst die Last und erhältst die Chance, dass der Helfer oder/und du dadurch einen neuen Lösungsweg findet. Ein Außenstehender, der dir Hilfe anbietet, schaut als Outsider auf das Problem, er hat eine andere Perspektive als du (= der Insider). Das kann entscheidend sein.

Ein Unterstützer kann auch ein Sparringspartner für dich sein (*siehe Seite 72f.*). Wichtig ist, dass er deine Situation genau kennt und sich einfühlen kann. Eine Möglichkeit des Sparrings könnte wie folgt ablaufen: Schildere ihm das Problem. Er soll das Gesagte schriftlich festhalten. Daraus entwickelt er (oder ihr) im Anschluss Fragestellungen. Aus diesen leitet ihr gemeinsam Antworten ab, die mögliche Lösungsansätze des Problems darstellen.

Die mentale Unterstützung ist ebenfalls nicht zu unterschätzen. Hierbei gibt es keinen konkreten, anwesenden Unterstützer, vielmehr geht es um dein mentales Wohlbefinden. Umgib dich mit Menschen, die dich verstehen, unterstützen, motivieren, die Empathie zeigen und sich ggf. mit Ähnlichem beschäftigen. Für dich tabu sind dagegen gleichgültige, negativ denkende und argumentierende Menschen.

Art der Ersten Hilfe und verordnete Behandlung:

+ ***Bewusste Entscheidung zur Hilfe!*** Bereits die Entscheidung, sich Hilfe und Unterstützung zu holen, kann die Blockade lösen oder wenigstens eine kleine Veränderung im Denken auslösen.

+ ***Eine fachliche Meinung einholen.*** Frage Fachleute nach ihrer Meinung bzgl. deiner Arbeit/deines Problems etc., insbesondere Menschen, die du nicht kennst! Anlässe dafür gibt es viele, z. B. eine Mappenberatung, ein Go-See, eine Portfolio-Review, ein Casting, ein Schreib- oder Kochseminar oder eine Konferenz. Die Meinung außenstehender Fachleute ist besonders interessant und hilfreich für dich, denn sie kennen dich nicht und urteilen bestenfalls objektiv und unvoreingenommen.

+ ***Mutmacher.*** Hole dir bewusst Ermutigung ein, z. B. in einem (Werkstatt-)Gespräch mit Gleichgesinnten, in Fachvorträgen, Foren, Facebookgruppen oder aus einem Fachbuch. Nie war es leichter und unmittelbarer als heute, weltweit via Internet Kontakte herzustellen. Im Austausch könnt ihr euch gegenseitig von Projekten erzählen, von Erfolgen, Hindernissen und Widerständen, euch Rat einholen und Mut machen.

+ ***Einfach fragen.*** Viele Menschen scheuen sich, nach Hilfe zu fragen, noch schwieriger scheint es, jemanden, den du nicht kennst, anzusprechen. Mein Rat auch hier: Einfach machen! Persönlich, via Telefon oder Mail: Sich kurz vorstellen, klar und freundlich mitteilen, was man braucht/wissen möchte und dann abwarten. Ich bin immer wieder überrascht, wie normal ein solcher Austausch funktioniert (egal ob Koryphäe, Zugbegleiter, Finanzamtmitarbeiter, Mitglied einer Organisation etc.).

+ ***Ein Netzwerk gibt dir Sicherheit und schafft Beziehungen.*** Baue dir ein Netzwerk auf (oder suche dir ein passendes, bestehendes Netzwerk), das dich und deine kreativen Ideen versteht, dich weiterbringt und vielleicht sogar fördert. Je größer das Netzwerk ist, desto größer die Chance, dort Hilfe und Unterstützung zu finden sowie nützliche Beziehungen aufzubauen. Unterschätze auch nicht die Mundpropaganda: Die Welt ist klein, vielleicht kennt jemand wen, der jemanden kennt, der dir weiterhelfen kann!

+ ***Aktiv werden.*** Gehe auf die Menschen zu und warte nicht, dass du entdeckt wirst oder jemand auf dich zukommt und dir Hilfe anbietet.

Verordnete Behandlung:

Beschränke dich

№ 9

Diagnose:

Faden/Überblick verloren, Verzettelung, Budget-/Zeitmangel

Anamnese:

Sich Aufgaben und Projekte vorzunehmen, deren Schwierigkeitsgrad zu hoch ist und deren Umfang sowie Dauer schlecht abzuschätzen sind, ist ein typisches Problem vieler Kreativschaffender. Und das ist nicht unbedingt ein Anfängerfehler. Klar lernt man mit der Zeit, Aufgaben besser ein- und damit abzuschätzen, dennoch entpuppen sich manche Tätigkeiten auch für Fortgeschrittene erst im Laufe des Projektes als Zeit-, Budget- und Kompetenzfresser. Wenn das Kreativprojekt zu komplex ist, kann es passieren, dass du daran verzweifelst, den Überblick verlierst, dich verzettelst und irgendwann total frustriert und dadurch blockiert bist. Spätestens jetzt solltest du einschreiten und Grenzen ziehen, sonst wird es für dich uneffektiv und ineffizient.

Zum einen kannst du die «Meilenstein-Methode» anwenden *(siehe Seite 120)*, doch das beschränkt dich nicht wirklich. Es gibt deinem Kreativprojekt nur mehr Übersicht und Struktur, wodurch die Verzettelungsgefahr sinkt. Mit «Beschänken» meine ich vielmehr, dass du dauerhaft etwas von deiner Aufgabe subtrahierst. Kannst du das Budget verkleinern (so wird ggf. dein Risiko geringer und es werden weniger Posten, die du finanzieren musst bzw. die finanziert werden müssen)? Kannst du dir für die Aufgabe weniger Zeit geben? Was hätte das für Folgen? Wenn du weniger Zeit hast, muss das Projekt automatisch vereinfacht, eingeschrumpft/eingedampft werden, damit du es noch erledigen kannst. Ist das vielleicht besser für das Gesamtergebnis, dein Ziel? Für deine, dir verbleibende freie Zeit ist es das bestimmt ... Kannst du das Projekt insofern beschränken, als dass du weniger Manpower einsetzen musst, es dich und ggf. weitere Beteiligte (Mitarbeiter, Aushilfen etc.) weniger Kraft kostet? Und weniger Manpower bedeutet ggf. mehr Gewinn für die verbleibenden Beteiligten – wobei «Gewinn» nicht zwangsweise etwas mit Geld zu tun haben muss! Das ist ein klarer Vorteil!

Zu viel Freiheit bei einer Aufgabe kann dich blockieren. Setze (dir selbst) Grenzen, sofern du durch deinen eigenen Anspruch überfordert bist. Du kannst gerade dadurch kreativer werden! Das können thematische, materielle, formatbezogene oder formale Grenzen sein. Vielleicht schränkst du dein Thema noch weiter ein (wirst spezifischer), entscheidest dich für wenige Werkzeuge und Materialien und denkst alles etwas einfacher (z. B. machst du als Illustrator nur einfache Strichzeichnungen statt malerisch aufwendige Bilder).

Less is more.
(Weniger ist mehr.)

Der Ausdruck «less is more» wurde im frühen 20. Jahrhundert unter Architekten, Designern und Künstlern populär: Der Architekt und Dessauer Bauhausdirektor ***Ludwig Mies van der Rohe*** hatte diese Formulierung wieder aufgegriffen (er hat sie nicht erfunden), um damit seine Auffassung vom Bauen zu beschreiben: Van der Rohe bevorzugte schlichte, einfache Formen und lehnte schmückende Verzierungen ab. Er zählte damit zu den Minimalisten.

Art der Ersten Hilfe und verordnete Behandlung:

+ ***Beschränkungen gedanklich durchspielen.*** Manchmal ist es schon ausreichend, sich eine Beschränkung der Ressourcen vorzustellen. Frage dich: Was würde passieren, wenn du nur noch die Hälfte der Zeit hättest? Worauf würdest du dich dann konzentrieren? Was würde passieren, wenn du nur noch die Hälfte des Budgets hättest? Was könntest du weglassen?

+ ***Beschränke deine Sinne!*** Abhängig davon, welche Tätigkeit du ausübst, kannst du einen (oder mehrere) deiner Sinne beschränken, um eine Blockade oder Unkonzentriertheit zu überwinden. Deine anderen, nicht beschränkten Sinne werden dadurch geschärft, deine Konzentration steigt und du fokussierst dich besser. Ablenkungen werden anschließend weniger wahrgenommen.
  Als Beispiel: Wenn du schreibst und dich nicht konzentrieren kannst, verschließe die Ohren mit Ohrenstöpseln. Wenn du nachdenken musst, du aber keinen klaren Gedanken fassen kannst, schließe die Augen (und die Ohren). Manchmal macht es auch Sinn, dass du dir die Nase zuhältst oder durch den Mund atmest, z. B. weil etwas stinkt oder aufdringlich riecht und du dich dadurch nicht mehr konzentrieren kannst.

+ ***Beschränke dich auf das Einfachste.*** Manchmal scheinen die Probleme so miteinander verwoben, dass sie dadurch unlösbar wirken. Das lässt dich verzweifeln und blockieren. Suche dir den einfachsten Teil eines Problemes heraus – es sollte ein Teil sein, den du sofort bewältigen kannst – und löse ihn. Der erste Schritt ist getan.

+ ***«Sich beschränken» meint nicht, mit etwas ganz und gar aufzuhören!*** Du hast natürlich jederzeit die Möglichkeit, die Reißleine zu ziehen und «Stopp» zu sagen, wenn du etwas für nicht mehr erstrebenswert oder durchführbar hältst. Keine Frage! Aber gib nicht zu früh auf. Die Stufe vor der Kapitulation sollte das «Sich-Beschränken» sein. Vielleicht rettest du damit ein tolles Projekt!

Verordnete Behandlung:

Auszeit für Körper und Geist

№10

Diagnose:

Energielosigkeit, Demotivation, Leere

Der Schlaf ist
der Gipfelpunkt des Genialen.

Kierkegaard

Anamnese:

Nach kreativen Hochleistungen ist es normal und menschlich, dass der Akku irgendwann leer ist. Die Energie und der Schaffensdrang haben sich verabschiedet. Du bist müde, unkonzentriert und fahrig. Vielleicht möchtest du auch gern noch etwas weitermachen, aber du bringst einfach nichts mehr zustande. Sowohl dein Körper als auch dein Geist müssen entspannen, um wieder neue Energie tanken zu können.

Leg eine Pause ein! Denn wenn du dich körperlich entspannst, überträgt sich dies auch auf deinen Geisteszustand. Dein Verhalten beeinflusst deine Bewusstseinslage und du sammelst neue Kräfte und Impulse für die weitere kreative Arbeit. Eine positive Stimmung und Entspannung führen bei jedem zu einer gesteigerten Kreativität. Als körperliche Entspannung gilt alles, was dir persönlich gut tut, wonach dein Körper verlangt und was dein Wohlbefinden steigert: Essen, Trinken, Schlafen, Lesen, Baden, Duschen, Tagträumen, Sport, Liebe, Sex, Spazierengehen, Fahrradfahren, Zerstreuung suchen, sich mit Freunden treffen, sich etwas anschauen (Natur, Kunst, Kultur) etc.

Eine weitere Möglichkeit durch deine Auszeit Körper und Geist zu relaxen, ist die Anwendung verschiedener Entspannungstechniken: progressive Muskelentspannung, Tiefenentspannung, Meditation oder autogenes Training. Du kannst auch versuchen, «den Kopf auszuschalten» und gar nichts mehr zu tun – obwohl das eine sehr schwierige Übung ist, zumindest wenn du dabei bei Bewusstsein bleibst. Bleibst du es jedoch nicht, dann schläfst du (hoffentlich). Doch auch im Schlaf tust du selten nichts. In deinen Träumen verarbeitest du deinen Alltag und wirst dabei ziemlich kreativ. Im Traum wirst du zu einem wahren Improvisationskünstler. Kennst du den Ausspruch «Eine Nacht darüber schlafen?» Er sagt nichts anderes, als dass du mit Hilfe des Schlafes eine Entscheidung noch einmal sacken lässt und emotional Abstand gewinnst. Am nächsten Tag hinterfragst du deine Entscheidung ein letztes Mal mit frischem, erholtem Geist, bevor du sie verbindlich triffst.

Der Tagtraum ist die wache und bewusstere Variante des Nachttraums. Auch dieser kann helfen, dir über etwas klar zu werden und dich gleichzeitig zu entspannen.

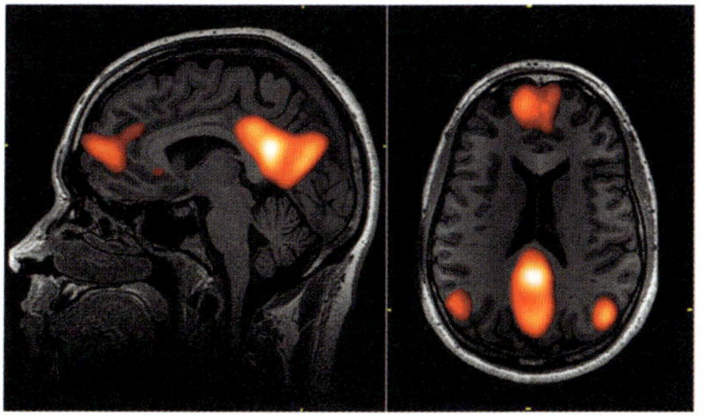

Neurowissenschaftler entdeckten 2001 das «Ruhezustandsnetzwerk» *(engl.: «Default Mode Network»/ DMN)* im menschlichen Gehirn. Es bezeichnet eine Gruppe von Gehirnregionen, die beim Nichtstun aktiv werden und beim Lösen von Aufgaben inaktiv sind bzw. deaktiviert werden. Das DMN wird unter anderem dann aktiv(er), wenn ein Mensch tagträumt, Zukunftspläne schmiedet usw. Außerdem ermöglicht es uns das so genannte «reizunabhängige Denken».

Art der Ersten Hilfe und verordnete Behandlung:

+ ***Verordne dir (öfter) eine Pause!*** Als kreativ arbeitender Mensch neigst du dazu, dich selbst auszubeuten, da du «aus dir selbst heraus schöpfst». Und weil du 24 Stunden mit dir zusammen bist, besteht zumindest auch immer die Gefahr des «Weiterschöpfens», obwohl du längst eine regenerierende Auszeit gebrauchen könntest. Abgaben/Deadlines können diesen Effekt noch verstärken. Deshalb ist es wichtig, dass du rechtzeitig vor der totalen Erschöpfung bemerkst, dass es Zeit für eine Pause ist. Bestenfalls wechseln sich Auszeiten mit Schaffenszeiten so ab, dass sie ausgeglichen sind bzw. *du* dadurch ausgeglichen bist. Ein weiterer positiver Effekt für dich: Es ist keine tatsächliche Pause von der Kreativität: Während deiner Auszeit «brütest» du unbewusst weiter an deiner kreativen Idee. Also nimm dir die Zeit, die du brauchst!

+ ***Akzeptiere und genieße diese Auszeit!*** Vielleicht neigst du, wie viele andere, dazu, dir diese Pause nicht zu gönnen. Und du hast ein schlechtes Gewissen, weil noch so viel Arbeit auf dich wartet. Doch damit tust du dir keinen Gefallen! Weder kannst du dann die Auszeit genießen, noch die maximale Energie aus ihr herausholen. So verschwendest du tatsächlich wertvolle Zeit. Mein Tipp: Akzeptiere die Pause, egal wie lange sie dauert, und vor allem: Genieße sie bewusst und koste sie in vollen Zügen aus. Das hat auch mit Achtsamkeit zu tun: Sich in der jeweiligen Situation fallen lassen zu können und diese bewusst und gegenwärtig wahrzunehmen, ohne den Blick auf Vergangenes oder Zukünftiges zu lenken.

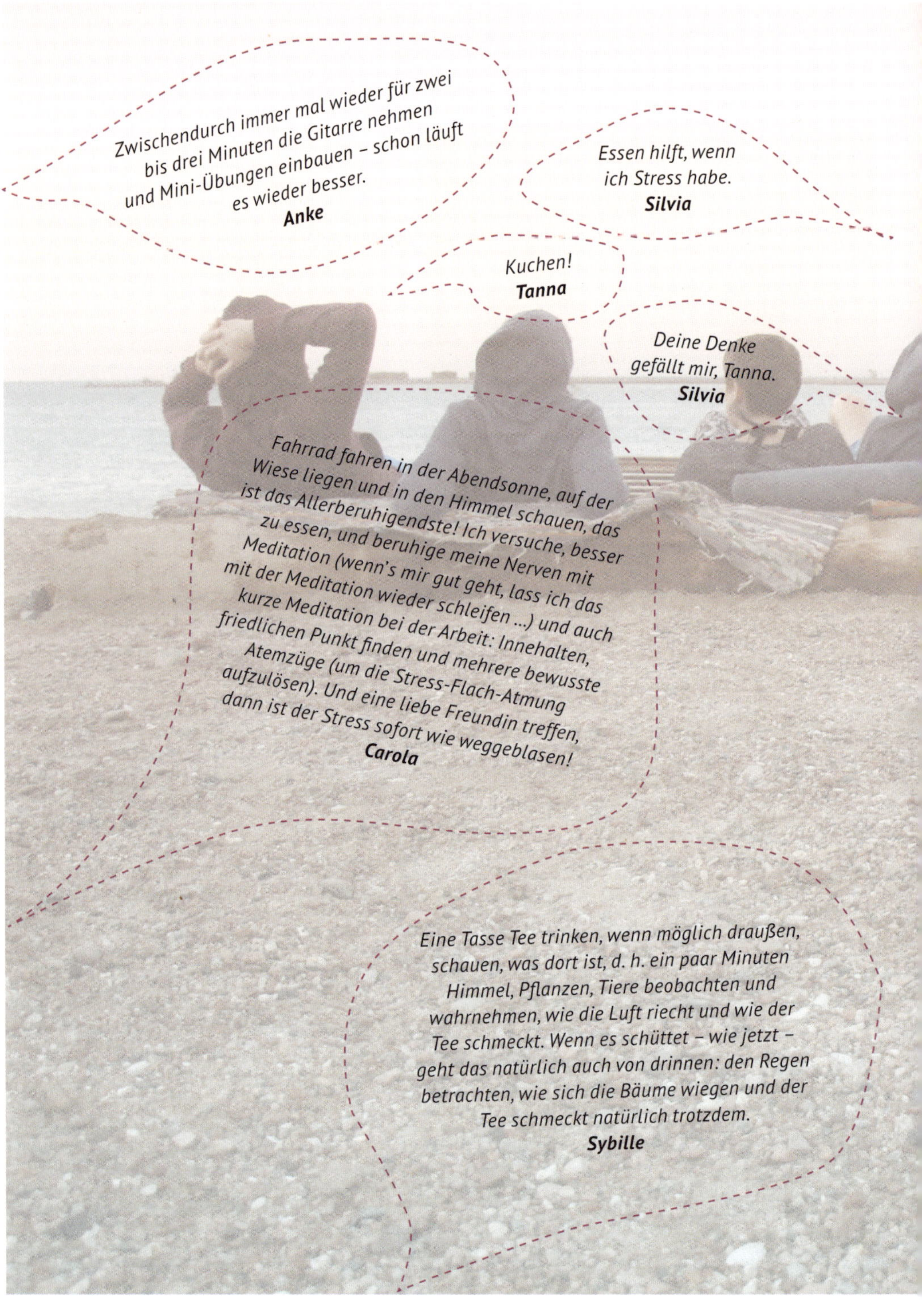

Zwischendurch immer mal wieder für zwei bis drei Minuten die Gitarre nehmen und Mini-Übungen einbauen – schon läuft es wieder besser.
Anke

Essen hilft, wenn ich Stress habe.
Silvia

Kuchen!
Tanna

Deine Denke gefällt mir, Tanna.
Silvia

Fahrrad fahren in der Abendsonne, auf der Wiese liegen und in den Himmel schauen, das ist das Allerberuhigendste! Ich versuche, besser zu essen, und beruhige meine Nerven mit Meditation (wenn's mir gut geht, lass ich das mit der Meditation wieder schleifen …) und auch kurze Meditation bei der Arbeit: Innehalten, friedlichen Punkt finden und mehrere bewusste Atemzüge (um die Stress-Flach-Atmung aufzulösen). Und eine liebe Freundin treffen, dann ist der Stress sofort wie weggeblasen!
Carola

Eine Tasse Tee trinken, wenn möglich draußen, schauen, was dort ist, d. h. ein paar Minuten Himmel, Pflanzen, Tiere beobachten und wahrnehmen, wie die Luft riecht und wie der Tee schmeckt. Wenn es schüttet – wie jetzt – geht das natürlich auch von drinnen: den Regen betrachten, wie sich die Bäume wiegen und der Tee schmeckt natürlich trotzdem.
Sybille

Ich halte die Welt an.
Peter

Sag mir wie.
Roberta

Ich versuche, mich dazu zu zwingen, Alltagshandlungen in Slow Motion durchzuführen. Außerdem vermeide ich parallele «Beschallung», z. B. keine Musik beim Arbeiten, nicht mehrere Dinge gleichzeitig erledigen, nicht telefonieren/arbeiten zur selben Zeit.
Hannah

Ich nehme Abstand. Wenn ich sauer bin, dann Laufschuhe an und eine Runde joggen. Zum Nachdenken hilft auch einfach eine Runde spazieren gehen. So vom alltäglichen Stress ablenken und runterkommen kann ich dann zum Feierabend am besten mit ausgiebigem Zocken. Oder ich verbringe Zeit mit meiner Frau.
Sven

Schwimmen gehen. Tauchen. Richtig kaputt sein danach, eine Meditation im Bus über youtube hören. Drei Liter «Klarer Kopf»- oder «Ruhe»-Yogi-Tee und dann klassische Musik. Sich klar machen, dass es nur ein Moment ist, dass das Leben kurz ist und dass vermutlich genau das Gleiche ohne krassen Stress herauskommt.
Skadi

Verordnete Behandlung:

Hindernisse überwinden

№11

Diagnose:

Gegenwind, (unvorhergesehene) Schwierigkeiten

Anamnese:

Ich teile Hürden und Hindernisse in zwei Kategorien ein: Deine inneren Hürden (die in dir selbst begründet liegen) und die äußeren Hürden (die dir von außen und ggf. von anderen in deinen Weg gestellt werden, von dir unbeeinflusst).

Klassische Hürden sind: 1. Widerstand gegen Veränderungen (hier wird die bloße Veränderung als Bedrohung empfunden) / 2. fehlende Leidenschaft und Lustlosigkeit / 3. finanzielle Gründe (Bugdet, Geldmangel) / 4. persönliche Orientierungslosigkeit (z. B. durch falsche/nicht gut definierte Ziele) / 5. fehlende Unterstützung von anderen, Verweigerung, vielleicht sogar (Be-)Hinderung durch andere aufgrund von Konformismus, Neid, Kritik, Zynismus / 6. Schicksalsschläge und Unvorhergesehens / 7. Unerfahrenheit / 8. Scheitern/Fehler machen.

Als Erstes solltest du überprüfen, welche Art von Hindernis dich blockiert. Innere Hürden kannst nur du selbst erkennen und zur Seite räumen (z. B. Vorurteile, Orientierungslosigkeit, Sorgen und Ängste abbauen). Schaffst du es nicht allein, kann dich jemand dabei unterstützen und dir helfen.

Bei äußeren Hürden analysierst du zuerst die Lage, um dann im zweiten Schritt einen Maßnahmenplan aus- und anschließend abzuarbeiten. Ist es ein finanzielles Problem, sprichst du beispielsweise noch einmal mit dem Auftraggeber bzw. der Zielgruppe. Wirst du von anderen aktiv in deiner Kreativarbeit behindert, frage dich, warum das passiert und versuche die «Hinderer» von deinem Vorhaben und von dir zu überzeugen! Du kannst ihnen z. B. die Vorteile für ihr eigenes Leben aufzeigen (Menschen sind Egoisten, sie setzen alles in Relation zu ihren Lebensumständen). Versuche aus ihrer Sicht zu denken und danach einfühlsam(er) zu handeln. «Hinderer» sind auch weniger skeptisch und pessimistisch einer Situation oder Sache gegenüber, an der sie mitgewirkt haben. Daher ist evtl. Mitsprache hier der Schlüssel. Wer Angst vor Veränderungen hat, kann diese ja vielleicht in kleinen Dosen besser annehmen, auch eine Veränderung auf Probe ist denkbar, um «Hinderer» zu überzeugen. Wenn das nichts bringt, du aber weiterhin an deinem Ziel festhalten möchtest, musst du dir andere Partner suchen oder es allein machen und den Gegenwind als positiven Energieschub für dich nutzen.

Wenn du vorausschauend denkst, ist es leichter, mit Hürden umzugehen, weil du sie eher kommen siehst. Rechne ggf. mit dem Schlimmsten (oder zumindest mit Unvorhergesehenem), z. B. mit Kritik von anderen. Was könnten die Argumente der Gegenseite sein? So kannst du evtl. vorab Lösungen finden und Kritik aushebeln.

Murphys Gesetz(e):

Alles, was schiefgehen kann, geht auch schief.

Außerdem:

- *Nichts ist so einfach, wie es aussieht.*
- *Alles dauert länger, als man denkt.*
- *Jede Lösung birgt neue Probleme.*
- *Nichts ist narrensicher, Narren sind erfinderisch.*
- *Unberechenbares kann man nicht berechnen.*

Die innere Hürde:

Ablauf und Überwindung

1. *Das geht nicht. Dafür verschwende ich nicht meine Zeit.*
2. *Es geht vielleicht doch, aber die Mühe lohnt sich nicht.*
3. *Ich habe schon immer gesagt, dass das eine gute Idee ist.*

Art der Ersten Hilfe und verordnete Behandlung:

\+ ***Wende die «Ja-und-...»-Technik an.*** In dieser mutmachenden Unternehmens-Coaching-Methode geht es darum, dass du eine unvorhergesehene, im ersten Moment negative Situation nicht sofort ablehnst, sondern sie als Chance und Anregung begreifst. Nimm es mit einem «Ja» an, frage und denke anschließend mit einem «Und» weiter. Ziel ist es, dass du nicht aufgibst, sondern dich mit der neuen Situation arrangierst, dich anpasst. Dabei reflektierst du deine Stärken und lernst sie besser einzusetzen. Wenn du die Technik mindestens einmal täglich anwendest, wirst du zukünftig in vergleichbaren Situationen offener, wendiger und kritikfähiger agieren.

\+ ***Erwartungen überprüfen & die Gerechtigkeitsfalle vermeiden.*** Erwartest du zu schnell zu viel von dir und anderen? Oder hast du vielleicht zu schnell aufgegeben? Beides geht auf Ungeduld zurück. (Ich weiß, wovon ich rede!) Ungeduld ist eine innere Hürde, die man nur mit Geduld bezwingen kann.
Erwartest du evtl. ausgleichende Gerechtigkeit? Dann bist du in die Gerechtigkeitsfalle getappt. Das passiert, wenn du annimmst, das Leben (oder andere Menschen) würden dir etwas schulden. Das birgt ein hohes Enttäuschungs- und Frustpotenzial. Das Leben ist manchmal einfach nicht fair (und schuldet dir auch nichts).

\+ ***Ziele überprüfen & die Aktivitätsfalle vermeiden.*** Manchmal stehst du dir selbst im Weg, weil deine Ziele nicht realistisch gesteckt, klar genug definiert oder miteinander vereinbar sind. Überprüfe sie außerdem von Zeit zu Zeit auf Aktualität: Sind die Inhalte noch dieselben wie am Anfang? Ist es das, was ich erreichen möchte? Will ich das wirklich oder sind das gar nicht (mehr) meine Ziele? Tue ich regelmäßig genug zur Erreichung meiner Ziele? Die Gefahr ist, dass du deine Ziele aus o. g. Gründen aus den Augen verlierst und in die Aktivitätsfalle trittst, d. h. du beschäftigst dich die ganze Zeit vermeintlich mit der Erreichung deines Ziels, bist permanent aktiv, aber kommst nicht voran.

Verordnete Behandlung:

Neustart

№12

Diagnose:

fehlender Input, Ideenlosigkeit

Anamnese:

Stelle dir einen Rechner vor, der abgestürzt ist oder nur noch fehlerhaft läuft. So ähnlich ist deine Situation, wenn du in einer Blockade festhängst. Deinen Rechner würdest du in dieser Situation ausschalten und anschließend wieder neu anschalten bzw. das System über einen Neustart zurücksetzen und dann erneut hochfahren lassen. Danach funktioniert in der Regel alles wieder.

Manchmal braucht dein Denken und Handeln in Bezug auf dein kreatives Schaffen einen Neustart, genau wie ein Rechner. Du musst situationsabhängig selbst entscheiden, welche Methode am besten hilft: Schaltest du das System für eine Weile komplett aus, machst du einen Neustart oder ist die Lage so schwierig, dass du einen externen Fachmann für eine komplette Systemüberprüfung zu Rate ziehst?

Vorgehen №1: System abschalten bedeutet, eine Pause einzulegen. Hier kannst du z. B. die «Nichts-tun-Übung» ausprobieren *(siehe nächster Kasten)*. Vorgehen №2: Du startest neu, d. h. du vergisst das Bisherige und fängst (z. B. aus einer anderen Perspektive) neu an. Dabei können dir die «Reframing-» und die «Kreativ-Amnesie-Übung» helfen, beides *siehe nächster Kasten*. Vorgehen №3: Du hast eine so komplexe Blockade, dass du dir nicht allein weiterhelfen kannst. Dann schau bitte auf *Seite 146f.*

Art der Ersten Hilfe und verordnete Behandlung:

+ ***Reizwort-Vortrag für einen Neustart während einer Blockade.*** Ziehe in einer Gruppe oder allein einen willkürlichen Begriff (z. B. über die «Reizworttechnik», *siehe Seite 46f.*) und halte dazu einen spontanen, dreiminütigen Stegreif-Vortrag. Wichtig ist, dass das Thema nichts mit dem zu tun hat, was dich gerade blockiert.
  Mit dieser Übung schulst du deine Spontaneität und Fantasie, du lenkst deine kreativen Talente und dein Denken kurzfristig in eine andere Richtung. Danach gehst du, ähnlich wie bei einem Reload/Reset, an deine eigentliche Aufgabe zurück.

+ ***Die «Nichts-tun-Übung».*** Setze dich hin und tue nichts, wirklich gar nichts! Du darfst nicht lesen, fernsehen, mit dem Mobiltelefon spielen, telefonieren, im Netz

surfen, nichts. Versuche diese Situation so lange auszuhalten, bis du körperlich an deine Grenzen kommst und/oder total gelassen wirst. (Die Gelassenheit folgt nach der Hibbeligkeit!) Nimm dir dafür ausreichend Zeit (30 Minuten sind okay, 90 Minuten ist eine schaffbare Herausforderung). Versuche, auch das Denken abzuschalten. Wenn du denken musst, beobachte deine Gedanken. Was fällt dir auf?
Es wird dir anschließend leichter fallen, neu zu starten und dich wieder deinen Aufgaben zu widmen. Die nächsten Male brauchst du evtl. nur daran zu denken, «es auszusitzen» und kannst (nach einer kurzen Besinnungsphase) gleich neu starten.

+ ***Die «Reframing-Übung».*** Der Begriff «Reframing» kommt aus der Psychologie und bedeutet soviel wie Umdeutung. Es geht darum (ähnlich wie bei der «Ja-und ...»-Technik, *siehe Seite 139*), eine nicht änderbare Situation zu akzeptieren, indem du die Situation unter einem anderen Blickwinkel neu bewertest und sie so als positive Chance sehen lernst. Als Beispiel: Dir fällt heute einfach kein Thema für einen neuen Blogeintrag ein, dann schreibe eben genau darüber! Vielleicht ist das ja interessanter, als du denkst.

+ ***Die «Kreativ-Amnesie-Übung».*** Als Kreativschaffender bist du Insider und Experte, in dem, was du tust. Das führt bei intensiver Auseinandersetzung aber evtl. zur «Betriebsblindheit». Bringe dich aus diesem Grund dazu, Dinge wieder zu vergessen, die du bereits weißt oder meinst zu wissen. Doch wie geht das? Du kannst z. B. bereits Geschaffenes und Halbfertiges beiseitelegen und «vergessen». Arbeite an etwas anderem weiter. Dadurch tritt eine Art künstlerisch-kreative Amnesie ein. Du vergisst, wie es genau aussah, wie du dich dabei gefühlt hast usw. Wenn du die Arbeit dann nach einer Weile (ein paar Stunden, Tage, Wochen) wieder zur Hand nimmst, kannst du dir vielleicht gar nicht mehr vorstellen, dass du das gemacht hast – oder wie du das gemacht hast (zumindest ist das ein Effekt, den ich bei mir beobachte). Dieser Effekt ermöglicht dir, mit etwas Abstand dein Werk von außen zu betrachten und anders – vielleicht besser, weil neutraler – zu beurteilen. Mit etwas Abstand kannst du nun weiter daran arbeiten, es verwerfen, es korrigieren oder es abschließen.

+ ***Brainstorming, Mindmap, Walt-Disney-Methode & die Osborn-Checkliste.*** Bei einem Neustart funktionieren auch die klassischen Kreativitätstechniken sehr gut. Du kannst Ideen zur Lösung deiner Blockade brainstormen. Diese kannst du auch in Form einer Mindmap abbilden. In der Mindmap kannst du auch deine Blockade analysieren und deine Gedankengänge dazu aufschlüsseln. Oder du schaust mit der «Walt-Disney-Methode» *(siehe Seite 62)* auf deine Blockade und nimmst die drei Denkperspektiven 1. Träumer / 2. Realist / 3. Kritiker ein.
Auch die «Osborn-Checkliste» kann bei einem Neustart helfen, um z. B. deine Idee zu verändern und zu modifizieren durch: 1. anders verwenden / 2. anpassen / 3. ändern / 4. vergrößern / 5. verkleinern / 6. ersetzen / 7. umstellen / 8. umkehren / 9. kombinieren / 10. transformieren.

Verordnete Behandlung:

Schätze deinen Wert

№13

Diagnose:

fehlendes Selbstwertgefühl

Anamnese:

Ich bin mir ganz sicher: Wenn du von anderen gefördert, motiviert und gelobt wirst, steigert sich damit deine kreative Leistung. Du traust dir mehr zu, durch die Unterstützung und den Zuspruch glaubst du (mehr) an dich und an das, was du tust. Genauso wichtig, wie von anderen gelobt zu werden, ist es, dich selbst zu loben, zu motivieren und an dich und deine Fähigkeiten fest zu glauben. Mache dich selbst nicht «klein». So verhinderst du auch Blockaden, die z. B. durch fehlendes Selbstvertrauen und fehlendes Selbstwertgefühl entstehen.

Und: Sich selbst für kreativ zu halten, ist ein guter Weg, um kreativ zu werden! Statt dem Wort «kreativ» kannst du hier jedes Adjektiv einsetzen (z. B. nicht kreativ, erfolgreich, nicht erfolgreich, professionell, unprofessionell, reich, arm ...). Das nennt man autosuggestives Denken. Es kann dir helfen, Blockaden zu verhindern und deine Ziele fokussiert zu verfolgen. Ein erfolgreiches Role Model für Autosuggestion ist die Boxer-Legende ***Muhammad Ali***, eines seiner berühmtesten Zitate bringt es auf den Punkt: «If my mind can conceive it, and my heart can believe it – then I can achieve it.» (= «Wenn mein Kopf es sich ausdenken kann, wenn mein Herz daran glauben kann – dann kann ich es auch erreichen.»)

Lass dich von kritischen (inneren oder äußeren) Stimmen nicht verunsichern. Niemand kann vorher wissen, was alles möglich ist! Also kann dich im Grunde auch niemand im Vorhinein beurteilen (auch du selbst nicht). Wenn du ein gutes Gefühl und Bock hast, etwas auszuprobieren, dann lass dich von keinem daran hindern, sondern mach es einfach mit all deiner Leidenschaft.

Auch ein Blick zurück kann dich motivieren und dein Selbstwertgefühl steigern. Meist schaut man immer nur nach vorn (ist ja auch gut so), fühlt sich davon gehetzt, ist verzweifelt, weil man dieses und jenes Ziel noch nicht erreicht hat. Ein Blick zurück kann dir klar machen, wie erfolgreich du schon gewesen bist und wie stolz du darauf sein kannst, was du bereits alles erreicht hast. Genieße das! Halte einen Moment inne und freue dich darüber. Dieser Moment wird dir außerdem neue Kraft geben, weiterzumachen und dich zusätzlich zu motivieren, dich von Tiefschlägen nicht unterkriegen zu lassen.

Die Vergangenheit ist das eine, doch das was «Leben» am meisten ausmacht, ist der Augenblick, die Gegenwart (denn die Vergangenheit ist geschehen und die Zukunft ist noch nicht da). Tipp: Genieße das «Hier und Jetzt», die kleinen Erfolge und schätze, was du gerade tust.

HAB GEDULD
MIT ALLEN DINGEN,
ABER BESONDERS
MIT DIR SELBST.

FRANZ VON SALES

Art der Ersten Hilfe und verordnete Behandlung:

+ ***Schutzmechanismen sind manchmal blockierend.*** Wenn du dich selbst als «untalentiert» oder «unkreativ» bezeichnest, ist das wahrscheinlich nur ein psychischer Schutzmechanismus. Du hast Angst, für das was du tust, be- oder verurteilt zu werden.

+ ***Stetiges Wachsen.*** Starte mit kleinen Projekten in deine kreative Tätigkeit, wenn du sicherer wirst, können die Projekte größer und komplexer werden und wachsen. Steigere dich langsam, dein Selbstverständnis für deine kreativen Fähigkeiten wird mit deiner Erfahrung ebenso wachsen – und das Risiko, enttäuscht zu werden und zu blockieren, ist bei langsamem, aber stetigem Wachstum auch geringer.

+ ***Nimm dich so an, wie du bist.*** Du bist nicht die Summe deiner Erfolge oder Niederlagen. Du bist gut, so wie du bist. Niemand ist perfekt *(siehe Seite 122f.)*. Deine innere Ausgeglichenheit erlangst du vor allem durch unbedingte Selbstannahme und Selbstakzeptanz.

Verordnete Behandlung:

Kritik objektiv einordnen

№14

Diagnose:

Mindfuck, Killerphrasen, Kritik

Anamnese:

Jeder Mensch hat Angst vor Kritik. Wir wollen alle für das, was wir sind (und wer wir sind) und für das, was wir (er)schaffen, gemocht und gelobt werden.

Es gibt konstruktive Kritik, die dich weiterbringt und durch die du etwas lernen, dich und dein kreatives Schaffen verbessern kannst. Konstruktive Kritik kann im ersten Moment hart sein, vielleicht kannst du sie auch anfangs nicht annehmen, weil deine Selbstzweifel zu groß bzw. dein Selbstbewusstsein noch zu klein sind. Aber konstruktive Kritik stellt etwas Gutes dar, du solltest genau hinhören und hinsehen, wenn sie dir begegnet und dich objektiv mit ihr auseinandersetzen.

Dann gibt es da noch die destruktive Kritik, die dich demotiviert, dich jedes kreativen Potenzials beraubt und mehr oder weniger zerstörerisch wütet. Sie hilft dir keinesfalls weiter. Sie solltest du meiden, sobald du ihr begegnest.

Manchmal kritisieren Menschen, weil es für sie einfacher ist (das hat dann vielleicht etwas mit Faulheit oder mit Neid zu tun). Du solltest dir immer vor Augen führen, dass es einfacher ist, (dich oder andere) zu kritisieren, als (selbst) etwas auf die Beine zu stellen und zu handeln. Es ist viel einfacher passiv zu sein. Es ist viel einfacher, dich bequem zurückzulehnen und entgangene Chancen zu bedauern als neue zu ergreifen. Es ist einfacher, zuzuschauen und Zeit vergehen zu lassen, als in derselben Zeit Ideen zu entwickeln und Dinge auf den Weg zu bringen! Aber der einfache Weg ist in dem Fall nicht der bessere, sondern nur der bequemere.

Wissenschaftler der ***Harvard University*** haben untersucht, ob eine als unangenehm empfundene, zwischenmenschliche Konversation, die mit einem Frustrationsgefühl einhergeht, bei Menschen eine Kreativitätssteigerung zur Folge hat. Sie haben in einem simulierten Jobinterview mit zwei verschiedenen Gruppen herausgefunden, dass Menschen, die kritisiert werden, anschließend bessere Leistungen erzielen als die Menschen, denen keine Kritik entgegengebracht wurde. Die Gruppe der bewusst frustrierten Probanden nutzte den entstandenen Frust, um zusätzliche Energien freizusetzen und wandelte diese in künstlerisch-kreative Ergebnisse um. Die Thesen der Wissenschaftler dazu lauteten: Die Kritik könnte dazu geführt haben, dass die Probanden noch härter an sich gearbeitet haben, um das schwache Feedback bzw. die Kritik nachträglich mit positiven Ergebnissen aufzuwiegen. Oder es hatte sie dazu gebracht, noch intensiver nachzudenken, mehr in sich zu gehen (Selbstreflexion), was ihre kreative Arbeit umso mehr beflügelte. Denn so die Annahme: Situationen, die nerven, frustrieren, herunterziehen, seien oft eher die kreativen Katalysatoren.

> Neid ist die ehrlichste Form der Schmeichelei.
>
> Wilkie Collins

Das sind klassische Killerphrasen:

- *Mir fällt nichts ein.*
- *Das schaffst du nicht! Das wird nichts!*
- *Das ist alles schon versucht worden.*
- *Das gibt es bestimmt schon (besser).*
- *Das geht nicht, weil …*
- *Das ist unglaubwürdig, weil …*
- *Das ist mir zu anstrengend.*
- *Das darfst du nicht.*
- *Das interessiert niemanden.*
- *Wer soll das bezahlen?*
- *Das traue ich mir nicht zu.*

Art der Ersten Hilfe und verordnete Behandlung:

+ ***Den inneren Zensor von Zeit zu Zeit ausschalten.*** Sei nicht so hart zu dir selbst. Klar, Selbstkritik ist gut, kann dich deinen Zielen näherbringen und deine Arbeit optimieren. Zu harte Selbstkritik führt aber zum Zweifeln am eigenen Handeln, dies wiederum kann dazu führen, dass du nicht mehr handelst, weil du zu viele Schranken im Kopf aufbaust, dich beschneidest, dich reglementierst. Klar, jeder versucht, Fehler in der eigenen Arbeit zu vermeiden. Dabei sind Fehler nicht immer etwas Schlechtes. Durch sie lernen wir und werden besser.

+ ***Die Kritik objektiv hinterfragen.*** Wenn du von anderen kritisiert wirst oder du selbstkritisch bist, frage dich: Woher kommt die Kritik bzw. wie ist sie entstanden? Ist sie gerechtfertigt und begründet? Oder erscheint sie dir als ungerecht und destruktiv? Hilft dir die Kritik weiter oder lähmt sie dich? Behalte dabei dein Augenmaß und deinen Humor, versuche nicht zu pauschalisieren, nicht überzubewerten, keine Katastrophe daraus zu machen (Gefahr der selbsterfüllenden Prophezeihung) und nimm etwas Abstand, um die Kritik aus einer externen Perspektive zu betrachten.

Verordnete Behandlung:

Stopp! Die Notbremse ziehen

№ 15

Diagnose:

... wenn alles zu viel wird

Anamnese:

Manche Blockaden lassen sich nicht so einfach mit «Erster Hilfe» lösen. Wenn dem so ist, ist es wichtig, dich genau zu beobachten und die Blockade sehr ernst zu nehmen. Wenn der (Leidens-)Druck zu groß wird, es dir absolut nicht mehr gut geht, du dich quälst und körperliche Symptome zeigst (z. B. dein Immunsystem geschwächt ist, du krank wirst), dann solltest du unbedingt die Notbremse ziehen und «Stopp» sagen!

Manches Mal sind die Hindernisse zu hoch, die gesteckten Ziele zu weit entfernt und unrealistisch, der Perfektionsanspruch zu groß, die Kritik zu niederschmetternd, die Willensstärke zu klein oder zu übertrieben groß. Oft liegt das Problem in Selbstausbeutung und Überforderung begründet. In jedem Fall stimmt das Maß oder die Verhältnismäßigkeit von kreativem Aufwand zum Ergebnis nicht mehr und dein Körper reagiert mit physischen und psychischen Ausfallerscheinungen: Körperliche Schwäche, Nervenzusammenbruch, Burn-out – das alles solltest du erst gar nicht riskieren!

Vorbeugende Maßnahmen sind wichtig: Achte auf dich, nimm erste Anzeichen einer Überforderung oder Selbstausbeutung wahr und tue etwas dagegen. Mache öfter eine Pause, sage häufiger Nein, achte auf regelmäßiges Essen und Trinken, schlafe genügend, nimm dir Kritik nicht so zu Herzen, lass dich nicht aus der Ruhe bringen und bleibe in deinem eigenen Rhythmus.

Wenn es für Vorbeugung zu spät ist und wenn alles zu viel wird: Nimm professionelle Hilfe in Anspruch. Sprich mit anderen darüber, lass dich beraten. Gehe zum Arzt, denke ggf. über psychotherapeutische Unterstützung nach. Dein Hausarzt kann dir ebenso weiterhelfen, indem er mit dir spricht, dich an Fachärzte verweist und erst einmal krankschreibt.

Du schaffst das! Lasse dich nicht unterkriegen und hole dir Hilfe.

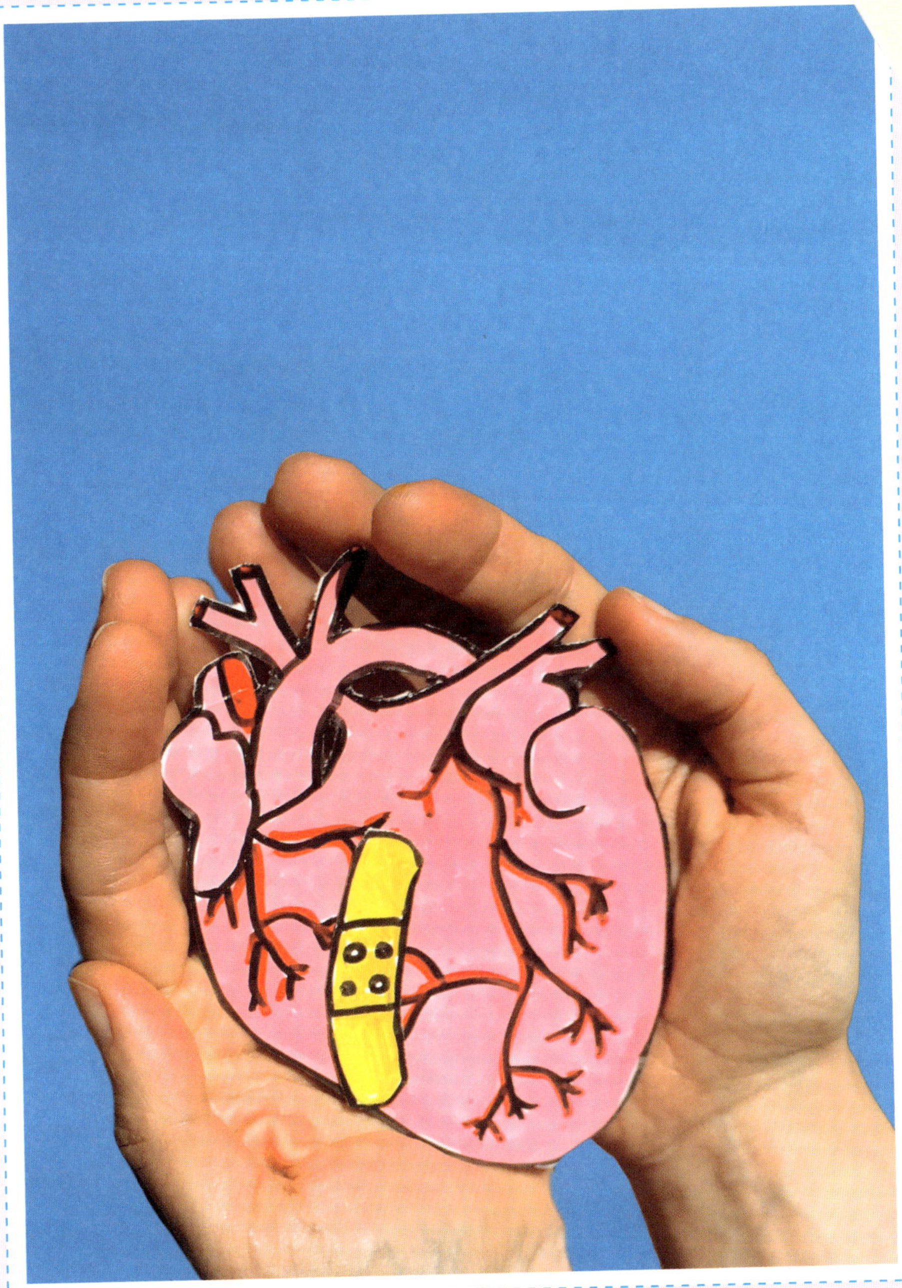

Anhang

Danke!

So tolle Menschen haben mich bei diesem Buch (wieder einmal) unterstützt. Dafür möchte ich Danke sagen!

Ich freue mich, dass es aufgrund der vielen Beispiele, die ich auf Anfrage von Kreativschaffenden erhalten habe, möglich geworden ist, die Vielfalt und Breite des Themas abzubilden. Und deshalb geht mein Dank an: ***Aitch, Jan Augsberg, bildundtonfabrik, Kaja Brandenburger, Café Riptide, Marie Dann, Gerald Dissen, Felix Goltermann, Michel Gondry, Helen Green, Juli Gudehus, Franziska Günther, Christiane Haas, Thomas Hackenberg, Jan von Holleben, HuskMitNavn, Jens Isensee, Jetzt und Hier, Hella Jongerius, Yvonne Kardel, Saskia Kiefert, Sebastian Knecht, Wilhelm Koch, Bernd Labetzsch, Ann-Kathrin Lumpe, Christine Mayer, Katrin Merle, Anja Millen, Ulrike Möltgen, Laura Nagel, Rüdiger und Annette Nehberg, Anna Niestroj, Fabian Nilius, Katharina Preußer, Mandy Röhr, Helmut Smits, Lisa Tegtmeier, Sebastian Thies, VOR Werbeagentur, Wessinger und Peng*** sowie ***Lisa Wohlsen***.

«Freude ist die einfachste Form der Dankbarkeit.»

Karl Barth

Mein persönlicher Dank geht an meine Praktikantin ***Nina Sieverding.***

Ein großer Dank geht an ***Juliane Wenzl, Hannah Robold*** und ***Anne Kliche,*** die sich (nicht nur, aber auch) als meine Versuchskaninchen für den Kreativtypen-Test zur Verfügung gestellt haben.

Vielen Dank für die rege Beteiligung auf Facebook an ***Petrus Akkordeon, Apfelhase, Sybille Benedict-Lux, Kristina Brasseler, Ralph Bergel, Felix Bork, Arinda Craciun, Johannes Esser, Anke Faust, Sven Geske, Peter M. Glantz, Ulrike Heidemann, Doro Herrmann, Eva Jaeger-Nilius, Kathrin Jebsen, Silvia Karkut, Christin Kloss, Daria Komleva Litvinova, Tanja Krach, Ariane Krahl, Gila von Meissner, Marie Christine Müller, Tessa Rath, Saramin, Hannah Schrage, Anita Schwörer, Carola Sturm, Skadi Sturm, Meike Töpperwien, Charlotte Wagner und Bille Weidenbach.*** Ein weiterer Dank geht zudem an meine tolle ***Facebook-Gruppe Kreativrezepte*** (facebook.com/groups/kreativrezepte), die ich ab und an um Rat gefragt habe.

Und ich bedanke mich von Herzen bei meinem Verlag: und zwar bei ***Matthias, Adela*** und ***Patrizia Haupt***, die so offen und herzlich zu mir sind; bei ***Regine Balmer*** für ihren Über- und Durchblick; bei meiner Lektorin ***Heidi Müller,*** die das Buchprojekt mit Begeisterung betreut und weiter entwickelt hat; bei ***Gabi Bortot*** für die Bildrecherche; bei ***Daniela Vacas*** für die Herstellungshilfe; bei ***Claudia Huboi*** fürs Korrekturlesen sowie bei ***Martina Räber*** für das Marketing!

Ein besonderer Dank geht an meine ***Eltern, Timo, Bernadette*** und die vier Damen von ***Tatendrang*** fürs Zuhören und Für-mich-da-Sein.

Literaturempfehlungen

- Mason Currey, «Musenküsse – Die täglichen Rituale berühmter Künstler», 3. Auflage, Kein & Aber AG Zürich – Berlin, 2014
- Petra Bock, «Mindfuck – Warum wir uns selbst sabotieren und was wir dagegen tun können», Knaur Verlag, München, 2011
- David und Tom Kelley, «Kreativität und Selbstvertrauen – Der Schlüssel zu Ihrem Kreativbewusstsein», 2. Auflage, Verlag Hermann Schmidt, Mainz, 2014
- Jonah Lehrer, «Imagine! – Wie das kreative Gehirn funktioniert», C. H. Beck, München, 2014
- Frank Berzbach, «Die Kunst, ein kreatives Leben zu führen: oder Anregung zu Achtsamkeit», 7. Auflage, Verlag Hermann Schmidt, Mainz, 2015
- David Sylvester, «Gespräche mit Francis Bacon», 7. Auflage: erw. Neuausgabe, Prestel, München, 1997
- James Lord, «Alberto Giacometti – Ein Portrait», 1. Auflage, Ullstein Taschenbuchverlag, München, 2001
- Rüdiger Nehberg, «Die Autobiographie», Piper Verlag GmbH, München, 2005
- Roberta Bergmann, «Die Grundlagen des Gestaltens», 2. Auflage, Haupt Verlag, Bern, 2017

Quellenverzeichnis

S. 8 Zitat Matisse aus: Will Gompertz, «Denken wie ein Künstler», Dumont Buchverlag, Köln, 2016, S. 168

S. 8 Definition vgl. https://de.wikipedia.org/wiki/Do_it_yourself, Stand: 03.01.2017

S. 9 Zitat Steinbeck aus: wie Quelle S. 8 – Will Gompertz-Publikation, S. 53

S. 10 Definition vgl. https://de.wikipedia.org/wiki/Kreativität, Stand: 03.01.2017

S. 10 Zitat Gompertz aus: wie Quelle S. 8 – Will Gompertz-Publikation, S. 63

S. 10 vgl. Robert W. Weisberg, «Kreativität und Begabung: Was wir mit Mozart, Einstein und Picasso gemeinsam haben», Spektrum der Wissenschaft, Heidelberg, 1989

S. 11 vgl. Tabelle: Manuela Pohl, «Kreative Kompetenz», Cornelsen Verlag, Berlin, 2012, S. 28

S. 11 vgl. Dr. Matthias Nöllke, «Kreativitätstechniken», 7. Auflage, Haufe-Lexware GmbH & Co KG, Freiburg, 2015, S. 12ff.

S. 12 vgl. Mihály Csikszentmihályi, «Kreativität», Klett-Cotta, Stuttgart, 2010

S. 12 Zitat Wood aus: Daniel Goleman, Paul Kaufman, Michael Ray, «Kreativität entdecken», 3. Auflage, Deutscher Taschenbuch Verlag GmbH & Co. KG, München, 2003, S. 22

S. 13 vgl. https://de.wikipedia.org/wiki/Ingrid_Noll, Stand: 09.01.2017

S. 33 vgl. Webseite von Ryder Carroll: http://bulletjournal.com, Stand: 10.02.2017

S. 46 Studie zum kreativen Chaos, Infos hier: http://www.apa.org/monitor/2013/10/messy-desk.aspx, Zitat Quadbeck-Seeger aus: https://www.aphorismen.de/zitat/83412, Stand: 24.02.2017,

S. 66 vgl. http://teamrock.com/feature/2014-05-28/david-bowie-on-songwriting

S. 75 vgl. https://www.dezeen.com/2009/02/06/pelle-mikkel-and-gullspira-by-hella-jongerius-for-ikea/

S. 78 Zitate Giacometti vgl. James Lord, «Alberto Giacometti – Ein Portrait», 1. Auflage, Ullstein Taschenbuchverlag, München, 2001

S. 84 Zitat Nietzsche aus: http://www.gutzitiert.de/zitat_autor_friedrich_wilhelm_nietzsche_1033.html, Stand: 28.04.2017

S. 92 Holzstäbe-Aufgabe entwickelt und gelehrt in Zusammenarbeit mit Prof. Alexandra Martini

S. 94 Zitat aus: http://www.3sat.de/page/?source=/scobel/169982/index.html, Stand: 13.05.2017

S. 95 Zitat aus: http://karrierebibel.de/selektive-wahrnehmung-beispiel-test/, Stand: 13.05.2017

S. 98 vgl. http://www.gateway-online.de/de/beruf-karriere-3-but/role-models/153-was-sind-role-models, Stand: 19.05.2017

S. 98 Zitat Ernst aus: http://www.gutzitiert.de/zitat_autor_otto_ernst_364.html, Stand 19.05.2017

S. 104 vgl. http://www.wissenschaft.de/leben-umwelt/psychologie/-/journal_content/56/12054/3450619/Kreativer-durch-Bewegung/, Stand 19.06.2017

S. 114 Zitat Assa aus: https://www.aphorismen.de/zitat/126908, Stand: 13.04.2017

S. 123 Zitat Sutton, Rodriguez, IDEO, d.school Stanford aus: David und Tom Kelley, «Kreativität und Selbstvertrauen», Verlag Hermann Schmidt, Zweite Auflage, Mainz, 2014, S. 64

S. 123 Zitat Flink, IDEO aus: David und Tom Kelley, «Kreativität und Selbstvertrauen», Verlag Hermann Schmidt, 2. Auflage, Mainz, 2014, S. 65

S. 124 Geschichte Allen, vgl. Mason Currrey, «Musenküsse – Die täglichen Rituale berühmter Künstler», Kein & Aber AG, 3. Auflage, Zürich – Berlin, 2014, S. 121ff.

S. 127 Zitat Selacher aus: https://www.aphorismen.de/zitat/76895, Stand: 11.07.2017

S. 129 Zitat Watson aus: Alexander Jeanmaire: «Der kreative Funke. Handbuch für Kreativität und Lebenskunst», ars momentum Kunstverlag GmbH, Witten, 2006, S. 133

S. 133 Zitat oben, vgl. https://de.wikipedia.org/wiki/Weniger_ist_mehr, Stand 12.07.2017

S. 135 DMN, vgl. https://de.wikipedia.org/wiki/Default_Mode_Network, Stand: 12.07.2017

S. 136 Zitate aus: https://www.facebook.com/groups/kreativrezepte; mit freundlicher Genehmigung der Gruppenmitglieder, Zitate von: Sabine Benedict-Lux, Roberta Bergmann, Anke Faust, Sven Geske, Peter M. Glantz, Tanja Lärm, Hannah Robold, Silvia, Carola Sturm und Skadi Sturm, Zitate leicht orthografisch geändert, Stand: 14.11.2017

S. 137 wie Quelle S. 136

S. 139 Kasten «Die innere Hürde», vgl. Michael LeBoeuf, «Imagination Inspiration Innovation Kreative Kräfte nutzen», mvg verlag – Moderne Verlagsgesellschaft mbH, 2. Auflage, München, 1991

S. 141 zu Havard University vgl. http://karrierebibel.de/kreativer-werden/, Stand 02.07.2017

S. 142 Zitat Ali aus: http://www.rp-online.de/sport/boxen/muhammad-ali-seine-besten-zitate-und-sprueche-bid-1.2672221, Stand: 14.07.2017

S. 143 Zitat von Sales aus: https://www.aphorismen.de/zitat/13900, Stand: 14.07.2017

S. 145 Zitat Collins aus: http://www.quotez.net/german/wilkie_collins.htm, Stand: 14.07.2017

S. 150 Zitat Barth aus: http://zitate.net/karl-barth-zitate, Stand: 15.07.2017

Abbildungsverzeichnis

Seiten 2, 5, 14–15, 21, 22–23, 24, 28–29, 31, 34, 38, 48, 69–71, 92, 98, 110–111, 125, 127, 143, 147–149 © Roberta Bergmann

Seiten 25, 27
© Anna Niestroj, Blinkblink

Seite 30
© Michel Gondry, www.usinedefilmsamateurs.com

Seiten 32–33
BulletJournal: © Ann-Kathrin Lumpe,
Fotos: © Roberta Bergmann

Seiten 35–37, 46–47, 77, 93, 112–113
© Nina Sieverding, www.ninasieverding.com

Seite 39
© Juli Gudehus, www.juligudehus.net

Seiten 40–41
© Lisa Tegtmeier, www.lisategtmeier.de

Seiten 42–43
Shutterstock / Dragon Images

Seite 43
Foto: «White Washing Parade» © Regine Nahrwold, www.freigeistreich.de, www.jensisensee.de

Seite 44
MoMa Regenschirm © Tibor Kalman (Designer)

Seiten 44–45
Erwin Wurm, «Fichte», © 2017, ProLitteris, Zurich, Foto © Roberta Bergmann

Seite 45
© Rüdiger Nehberg, TARGET e.V.

Der Verein TARGET e. V. engagiert sich gegen das Verbrechen *Weibliche Genitalverstümmelung*. Man kann diese Arbeit als Förderer unterstützen. Infos unter: www.target-nehberg.de.

Seite 47
© Billy und Hells, Kurse von Christine Mayer unter: www.intothelight.de/kreativ-workshops

Seite 49
Foto oben: © Roberta Bergmann
Buchcover unten: © Christoph Niemann, «Sunday Sketching», Knesebeck, München, 2016

Seite 50
© Ulrike Möltgen

Seite 51
oben: Foto von Ulrike Möltgen © Jens Grossmann
unten: «Francis Bacon's Studio» © The Estate of Francis Bacon. All rights reserved / 2017, ProLitteris, Zurich, fotografiert von Perry Ogden, Dublin City Gallery The Hugh Lane
www.hughlane.ie

Seite 53
oben: Food-Design von Bernd Labetzsch, von dem Food-Blog https://chezuli.wordpress.com,
Foto: © Ulrike Brenner
unten: © Roberta Bergmann, Magnetspiel von Tatendrang-Design®

Seite 54
Mona-Lisa-Abbildungen, von links nach rechts:
© Johannes Esser, www.esser-grafik.de
© Ralph Bergel, www.fotoformatplus.de

Seite 55
Mona-Lisa-Abbildungen, von links nach rechts:
© Gila von Meissner, www.gila.be
© Roberta Bergmann, robertabergmann.de
© Kristina Brasseler, www.kristinabrasseler.de
© Charlotte Wagner, www.allemeinekekse.de
© Marie Müller, www.mcmuller.com
© Silvia Karkut, instagram.com/silviakarkut
© Daria Komleva Litvinova
© Tessa Rath, www.tessarath.de
© Arinda Craciun, www.arindacraciun.com
© Saramin, www.dawanda.com/shop/saramin
© Petrus Akkordeon, www.alltagspoetisierung.blogspot.de
© Anita Schwörer, www.fox-grafik.net
© Bille Weidenbach, www.frizzle.de
© Doro Herrmann, dorothee-eva-herrmann.de
© Felix Bork, www.felixbork.de
© Kathrin Jebsen, Instagram @illustratedjournal
© Meike Töpperwien, www.frauwien.de
© Ulrike Heidemann, Instagram @uhgrafik
© Apfelhase, www.apfelhase.de
© Christin Kloss, www.ckillustration.de
© Hannah Schrage, hannahkristinschrage.de
© Ariane Krahl, www.byarianekrahl.de
© Elke Erat, Instagram @ideen_fee
© Eva Jaeger-Nilius, www.jaegerschnipsel.de

Seite 57
oben: © Anja Millen,
https://anjamillen.deviantart.com
unten: © Laura Nagel,
https://delusionalasylum.deviantart.com

Seite 58
© Aitch & Society6, www.society6.com/aitchh

Seite 59
oben: Timo Hoheisel, www.timohoheisel.de,
© 2018, ProLitteris, Zurich
Mustertapete © Michaela Müller, aus: «Bunte Bücher. Muster gestalten, Einbände drucken, Bücher binden», Haupt Verlag, Bern, 2017

Seite 61
oben: Wikimedia Commons, John Tenniel (PD)
unten: © Philadelphia Museum of Art,
Gift of Mme Elsa Schiaparelli, 1969, Accession Number 1969-232-54

Seite 62
© Saskia Kiefert, herzallgaeuerliebst.de

Seite 63
oben links: Dreamstime / Hideko1979
oben rechts: Pixabay / Karen Arnold
unten links: © Alexia Henrion, aus: «Villa Obstkiste. Ein Recyclingbastelbuch für kleine Architekten und Möbeldesignerinnen», Haupt Verlag, Bern, 2015
unten rechts: © Lisa Wohlsen, Ankerplatzdesign

Seite 65
oben: Marina Abramović and Ulay «Relation in Time», 1977 © 2018, ProLitteris, Zurich
links unten: © Mandy Röhr
rechts unten: © Thomas Hackenberg

Seite 66
David Bowie-Portrait: © Helen Green, www.helengreenillustration.com
Schnipseltechnik-Foto: © Roberta Bergmann

Seite 67
oben: © Katrin Merle, www.katrinmerle.de
unten: © HuskMitNavn, www.huskmitnavn.dk

Seite 73
oben: © Juliane Wenzl, www.ingestalt.de
unten: Wikimedia Commons, Utagawa Kuniyoshi (PD)

Seite 75
oben, Buchcover: © Tonia Wiatrowski, Inga Marie Ramcke, «Reiseführer für Tiere», Folio Verlag, Bozen/Wien, 2015
daneben: Autorenportrait von Tonia Wiatrowski und Inga Marie Ramcke: © Annette Schrader
Mitte links: «PS Pelle» © IKEA
Mitte rechts: «Gullspira» © Gerrit Schreurs, IKEA
unten links: «Design Process IKEA Roots Pelle» © Jongeriuslab, unten rechts: «Process IKEA Roots» © IKEA

Seite 78
Foto von Alberto Giacometti: Photograph by Ernst Scheidegger © 2017, Stiftung Ernst Scheidegger-Archiv, Zürich

Seite 79
oben, Fotos: © Wilhelm Koch
unten: © Michel Gondry, «1000 Portraits»

Seite 81
oben: Wikimedia Commons, Phrood (PD)
mittig: © Musiktheatergruppe «jetztodernie» der IGS Franzsches Feld, Braunschweig, Musikalische Leitung: Felix Goltermann, Regie: Kaja Brandenburger, Darsteller Hochformat-Foto: Luisa Empacher (Ilse), Niclas Peter Bahl (Moritz), Darsteller Querformat-Foto: Tetje Groth (Wendla), Riaan Alexander Schlez (Melchior), Fotos: © Roberta Bergmann
unten: © Roberta Bergmann, Frank Wedekind, «Frühlings Erwachen», kunstanstifter verlag, Mannheim, 2014

Seite 83
oben, Buchcover: © Rod Green, «Monty Python's Flying Circus. Hidden Treasures. With a foreword by the Pythons», Englische Originalausgabe, Edition Olms, Zürich, 2017
unten, Buchcover: © Christophe Delbrouck, «Frank Zappa & les mères de l'invention», Le Castor Astral, Pantin, 2017

Seite 85
oben: © Roberta Bergmann
unten: © smarticular.net, Sebastian Knecht

Seiten 86–87
oben: © Marie Dann, www.mariedann.de
unten: © Roberta Bergmann

Seite 89
oben: © Improtheater «Jetzt und Hier», Braunschweig, Foto oben v.l.n.r.: Claudia Soluk (Key-

board), Christiane Hansen-Hildebrand, Silke Köchling, Heike Nerger, Frank Gebhard, Stefan Kruse; unten abgebildet v.l.n.r.: Heike Nerger, Frank Gebhard, Stefan Kruse, Silke Köchling, Fotos: © Roberta Bergmann
unten: © ZDF/btf, Der Podcast «Gute Arbeit Impro» wird produziert von der bildundtonfabrik im Auftrag des ZDF für funk – das Content-Netzwerk von ARD und ZDF

Seiten 90–91
oben: © Gever Tulley for Tinkeringschool, https://www.flickr.com/photos/gevertulley/2706114338/in/album-72157606390963204
unten: © David Shrigley, mit freundlicher Genehmigung von Canongate Books, Edinburgh

Seite 95
oben: © Fabian Nilius
unten: © Roberta Bergmann

Seite 97
© Helmut Smits, www.helmutsmits.nl, außer: «Bookshelf»-Foto © Lotte Stekelenburg für Helmut Smits und «Iron pattern»-Foto: © Mathijs Labadie für Helmut Smits

Seite 101
oben, beide Bilder: © Room in a Box, www.roominabox.de, außerdem oberes Bild: © Chris Abatzis für SALTY Interiors
unten: © nat-2, Sebastian Thies, www.nat-2.eu

Seite 102
Konzept & Gestaltung: © VOR Werbeagentur, Dresden, 2015, www.vor-dresden.de; Eine Initiative von: Dresdner Verkehrsbetriebe, DREWAG – Stadtwerke Dresden, Stadtentwässerung Dresden, Stadtreinigung Dresden, Ostsächsische Sparkasse Dresden, www.bereichert-dresden.de

Seite 103
© Wessinger und Peng GmbH, www.wessingerundpeng.com

Seite 105
Pixabay / unsplash

Seite 106
Pixabay / openclipart-vectors

Seite 107
alle Fotos: © Jan von Holleben, oben: «The Snowbed», 2008, unten links: «homo ludens», 2012, unten rechts: «DKJS/ Helsa», 2012, www.janvonholleben.com

Seiten 108–109
Schaltplan von Wikimedia Commons, Miller, Kempster B. (PD)

Seite 109
oben: © Yvonne Kardel, https://de.dawanda.com/shop/sonnenlicht
unten: © Katharina Preußer, YouTube-Kanal: «Heile Dich und Mutter Erde»

Seite 115
© Christiane Haas, aus dem Buch: «Ich bin etwas komplett Neues», Hermann Schmidt Verlag, Mainz, 2013

Seite 119
© Jan Augsberg, unter Verwendung eines Fotos von © Franziska Bach

Seite 135
Wikimedia Commons, John Graner, Neuroimaging Department, National Intrepid Center of Excellence; Walter Reed, National Military Medical Center (PD)

Seiten 136–137
Pixabay / Tilgnerpictures, 3Dman

Stichwortverzeichnis

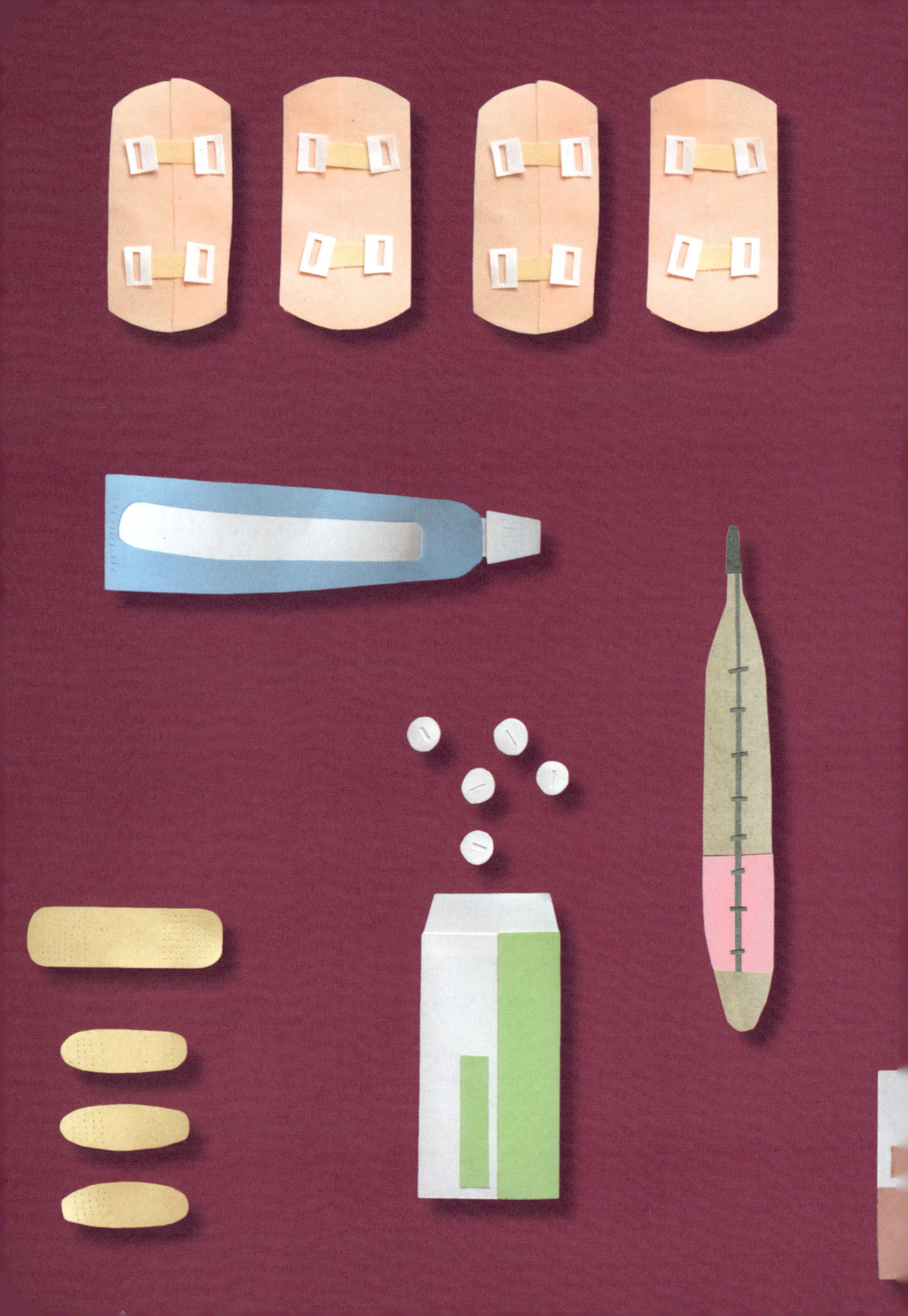